Frank Kinslow
Das Stille-Paradox

Reihe *Quantum Entrainment*®

Bücher:
- Frank Kinslow: *Quantenheilung*
- Frank Kinslow: *Quantenheilung erleben*
- Frank Kinslow: *Suche nichts – finde alles!*
- Frank Kinslow: *Eu-Gefühl!*
- Frank Kinslow: *Martina und das Ungeheuer*
- Frank Kinslow: *Das QE®-Praxisbuch*

Audio-CDs:
- Frank Kinslow: *Quantenheilung – Das Hörbuch*
- Frank Kinslow: *Quantenheilung – Meditationen und Übungen*
- Frank Kinslow: *Quantenheilung im Alltag 1*
- Frank Kinslow: *Quantenheilung im Alltag 2*

DVD:
- Frank Kinslow: *Quantenheilung LIVE*

Frank Kinslow

Das Stille-Paradox

Nichts tun – alles erreichen

VAK Verlags GmbH
Kirchzarten bei Freiburg

Titel der amerikanischen Originalausgabe:
When Nothing Works Try Doing Nothing
© Frank Kinslow, 2014
Erschienen bei Lucid Sea, Inc., Sarasota (Florida)

Quantum Entrainment®, QE®, Eu-Gefühl®, Eu-Feeling® und QE-Intention® sind international registrierte Wortmarken von Frank Kinslow und der VAK Verlags GmbH. Aus Gründen der besseren Lesbarkeit wird im Fließtext auf Darstellung des ® verzichtet.

Bibliografische Information der Deutschen Nationalbibliothek

Die Deutsche Nationalbibliothek verzeichnet diese Publikation in der Deutschen Nationalbibliografie; detaillierte bibliografische Daten sind im Internet über http://dnb.d-nb.de abrufbar.

VAK Verlags GmbH
Eschbachstraße 5
79199 Kirchzarten
Deutschland
www.vakverlag.de

© VAK Verlags GmbH, Kirchzarten bei Freiburg 2014
Übersetzung: Beate Brandt
Lektorat: Nadine Britsch
Layout: Karl-Heinz Mundinger, VAK
Umschlagdesign: Agentur Guter Punkt, München
Gesamtherstellung: CPI books GmbH, Leck
Printed in Germany
ISBN: 978-3-86731-161-8

Widmung

Für George Land und Beth Jarman,
für ihre Unterstützung und ihren Rat, aber vor allem für ihre Inspiration,

und

für meine Frau Martina,
für ihre Idee zu diesem Buch, aber vor allem für ihr Lächeln.

Inhaltsverzeichnis

Vorwort	9
Kapitel 1 Die Kunst des Nichts	15
Kapitel 2 Wie Nichts funktioniert	23
Kapitel 3 Die Eu-Stille-Technik: Wo sie herkommt und wie sie funktioniert	34
Kapitel 4 Wie man das Eu-Gefühl findet	46
Kapitel 5 Die Eu-Stille-Technik	54
Kapitel 6 Die Stopp-Technik	66
Kapitel 7 Heilungsfördernde Eu-Stille	73
Kapitel 8 Die negative Seite des positiven Denkens	83
Kapitel 9 Die Münzen-Technik	97
Kapitel 10 Das geheime Leben der Transcender	113
Kapitel 11 Die Wissenschaft der Erleuchtung: Wie man gänzlich Mensch wird	128

Kapitel 12
Wie man Entscheidungen fällt, oder:
Seien Sie klüger als Ihr Goldfisch 142

Kapitel 13
Liebe 149

Kapitel 14
Die Transformationstheorie:
Die Entfaltung universeller Liebe 159

Kapitel 15
Zum vollständigen Menschen werden:
90 Tage Eu-Stille 183

Kapitel 16
Die Zukunft der Menschheit:
Universelle Liebe auf universeller Ebene 189

Glossar 197

Über den Autor 201

Vorwort

An alle neuen Leser!

Wenn Sie meine anderen Bücher noch nicht kennen, dann ist das Buch, das Sie gerade in den Händen halten, genau richtig für Sie. Ich bin sicher, dass die Lektüre Ihnen Freude bereiten wird. Und wenngleich das, was ich Ihnen beibringe, logisch ist und auf wissenschaftlichen Tatsachen beruht, ist die von mir verwendete Sprache dennoch leicht zu verstehen – ich würze meine Texte mit vielen Vergleichen und Beispielen. Auch die hier vorgestellten Techniken sind einfach zu lernen und wirken unmittelbar. Sie beruhen auf wissenschaftlichen Grundlagen und haben eine nachweisliche und reproduzierbare Wirkung. Das heißt vor allem eines: Wenn Sie die angegebenen Schritte befolgen, erhalten Sie ein Ergebnis. Das hört sich vielleicht zunächst etwas trocken oder technisch an, aber Sie werden schon bald feststellen, wie erfrischend und inspirierend die Übungen sind.

Nahezu jedes Selbsthilfebuch wirbt damit, dass die vermittelten Erkenntnisse „lebensverändernd" sind – ganz gleich, ob es um gesunde Ernährung, Fitness, Finanzen, Beziehungen, alternative Medizin oder Sonstiges geht. Und im Grunde genommen stimmt das sogar. Wenn Sie überflüssige Pfunde verlieren oder die Beziehung zu Ihrem Partner verbessern, hat dies natürlich Einfluss auf Ihr Leben. Auch ich versichere Ihnen hiermit, dass dieses Buch Ihr Leben verändern wird (auch wenn es mir schwerfällt, da dieser Ausdruck ja mittlerweile schon ziemlich abgegriffen ist). Es gibt jedoch einen wichtigen Unterschied: Wenn ich Ihnen sage, dass dieses Buch Ihr Leben verändern wird, dann beziehe ich mich dabei nicht nur auf einen bestimmten Bereich wie Beziehungen, Finanzen, Gesundheit, Spiritualität oder Ähnliches. Das Verständnis, das aus dem Lesen dieses Buchs und der Anwendung der enthaltenen einfachen Techniken erwächst, wird Ihr Leben auf allen Ebenen verändern – auf seelischer ebenso wie auf finanzieller, auf Verstandesebene ebenso wie auf körperlicher, auf der individuellen Ebene ebenso wie in Bezug auf Ihren Platz in der globalen Gemeinschaft. Ich kann dies mit solcher Sicherheit sagen, weil wir uns nicht auf einen bestimmten Teil von Ihnen konzentrieren werden. Dieses Buch ermöglicht Ihnen den Zugang zu der Vollkommenheit, die Sie sind. Es zeigt Ihnen, wie Sie auf der Stelle in diese Ganzheit und Vollkommenheit eintauchen und wie Sie dafür sorgen können, dass sie in jeden Aspekt Ihres Seins und Werdens einfließt.

Betrachten Sie dieses Buch bitte als Einheit. Alle Kapitel und Übungen bauen auf den jeweils vorherigen auf. Wissen setzt sich aus zwei Teilen zusammen – dem Verstehen und dem Erleben. Es hat nur dann Wert und Bestand, wenn das verstandesmäßige Begreifen durch die praktische Erfahrung untermauert wird. Praktische Erfahrung vertieft das bereits vorhandene Verstehen, was wiederum die nächsten Erfahrungen intensiver werden lässt und so weiter. Je mehr Kapitel Sie hier lesen, umso tiefer und umfassender wird Ihr Wissen darüber, wer Sie sind und was Ihre innerste Essenz ausmacht. Beginnen werden wir mit der einfachen Erfahrung des „Nichtdenkens", die Ihnen zeigt, was sich hinter Ihren Gedanken verbirgt. Diese Wahrnehmung läuft innerhalb von Sekunden ab und Sie können die Auswirkungen auf Körper und Geist sofort spüren. Wenn Sie dieses Buch nach dem Lesen zuklappen, werden Sie wissen, warum die Entwicklung der Menschheit so zerstörerische Züge angenommen hat und wir allerorts auf so viel Leid stoßen. Sie werden verstehen, wer Sie sind, wo Sie sind, in welche Richtung Sie gehen müssen und wie Sie zum gewünschten Ziel gelangen. Und dieses Wissen wird nicht etwas sein, das ich vorgegeben habe, sondern es wird aus Ihrer eigenen Erfahrung heraus entstanden sein. Ich möchte Ihnen dringend ans Herz legen, nicht vorzublättern, sondern Seite um Seite zu lesen und jede Übung auch wirklich durchzuführen. Betrachten Sie das Ganze nicht als Arbeit, sondern gehen Sie spielerisch heran, als wäre es ein Abenteuer. Lassen Sie sich Zeit bei den Übungen, die ich auch gerne als *Erfahrungen* bezeichne. Üben Sie eine Erfahrung auch während des Weiterlesens immer wieder, bis die nächste vorgestellt wird. Das vorletzte Kapitel – *Zum vollständigen Menschen werden: 90 Tage Eu-Stille* – enthält Vorschläge, wie Sie das Gelernte in Ihren Alltag integrieren können. Ich möchte Sie herzlich dazu einladen, diese 90 Tage der Eu-Stille spielerisch und mit Spaß anzugehen. Es kostet keine große Anstrengung und Sie werden begeistert sein, wie sehr Ihr Leben sich nach diesen 90 Tagen verändert hat. Wie viele Zeiträume von 90 Tagen haben Sie schon in Ihrem Leben erlebt? Und wie viel Glück, Gesundheit und Erfolg kann Ihnen dieser eine mehr bescheren?

Dieses Buch ist ein Produkt meines Bewusstseins. Ich hoffe, Sie spüren, dass es für Sie geschrieben wurde, dass ich direkt zu Ihnen spreche. Ich habe dieses Buch in der Eu-Stille geschrieben, dem Zustand erhöhter Harmonie, den Sie schon bald kennenlernen werden. Verabschieden Sie sich an dieser Stelle von herkömmlichen Lernkonzepten. Sie werden hier keine Sammlung philosophischer Konzepte, Fakten und Anekdoten finden. Was Sie lernen werden, kommt nicht aus dem Außen. Mit ein wenig Anleitung von meiner Seite werden Sie entdecken, dass das hier vermittelte Wissen immer schon in Ihnen vorhanden war und nur darauf wartete, entdeckt zu werden und ans Licht zu gelangen. Wenn Sie beim Lesen beginnen, innere Ruhe und Wohlbefinden zu verspüren, dann ist das Buch mehr als nur Papier und Druckerschwärze, sondern es ist zur lebendigen Verkörperung dessen geworden, was es Sie lehren will. Mit der

Zeit und mit ein bisschen Übung werden Sie feststellen, dass alles in Ihrem Leben zu einer lebendigen Verkörperung der Ganzheit wird, die Sie sind.

An alle, die meine Bücher bereits kennen!
Wenn Sie eines oder mehrere meiner Bücher schon kennen, werden Sie in diesem Buch sowohl Neues als auch Vertrautes finden. Die Philosophie, nichts zu tun und nichts zu versuchen, ist in diesem Buch sehr präsent. Der Schwerpunkt liegt auf der Technik und dem Erfahren der Eu-Stille. Wenn Sie bereits Erfahrungen mit QE gesammelt haben, dann können Sie das Praktizieren von QE problemlos durch die Eu-Stille-Technik ersetzen. Diese einfache Verlagerung wird für zusätzliche Tiefe sorgen und die Wirkung von QE beschleunigen und verstärken. Jede Technik in diesem Buch ist neu. Ich bin sicher, dass Sie viel Spaß damit haben werden und die Klarheit und Tiefe Ihrer Erfahrungen Sie in Erstaunen versetzen wird.

Ganz gleich, ob Ihnen die Idee, dass Nichttun Dinge geschehen lässt, und das Konzept, dass nichts zu versuchen die Grundlage dynamischer Aktivität bildet, bislang unbekannt ist, oder ob Sie beides schon seit Längerem praktizieren und so manches Wunder verbuchen konnten – eines kann Ihnen garantieren: Wenn Sie dieses Buch lesen und die Übungen durchführen, wird dies nicht nur tief greifende Auswirkungen auf Sie, Ihren Körper, Ihren Geist und Ihre Seele haben, sondern auch einen harmonisierenden Einfluss auf Ihre Freunde und Familie – ebenso wie auf alle, die Sie unterstützen, die sich gegen Sie wenden, vollkommen Fremde, Haustiere, Pflanzen ... ich denke, Sie verstehen, was ich meine.

Ich bin mir sicher, dass dieses Buch sowohl dem neuen Leser als auch allen, die schon seit langer Zeit QE kennen und praktizieren, neue Horizonte eröffnen und verborgene Mysterien enthüllen wird. Dieses Buch ist mit Herzblut geschrieben und ich freue mich schon sehr darauf, Ihnen die Erkenntnisse zu präsentieren. Wenn Sie die letzte Seite gelesen haben, werden Sie meine Begeisterung sicherlich teilen.

Frank Kinslow
Sarasota, Florida

Kapitel 1
Die Kunst des Nichts

Wie wundervoll ist es, nichts zu tun, und sich danach auszuruhen.

Spanisches Sprichwort

Stellen Sie sich eine Welt vor, in der Sie Ihren innersten Wünschen folgen und eine Arbeit tun, zu der Sie sich hingezogen fühlen und die Sie lieben. Eine Arbeit, die perfekt zu Ihren Fähigkeiten und Interessen passt. Eine Arbeit, bei der Sie auftanken können anstatt abends geschafft zu sein, und bei der die Zeit wie im Fluge vergeht. Sie sprühen förmlich vor Kreativität, wie eine Wunderkerze. Sie sind hoch motiviert, stolz auf das Geleistete und haben das Gefühl, ein wichtiger, unabdingbarer Teil eines größeren Plans zu sein. Sie fühlen sich vollständig. Man könnte auch sagen: Sie leben im Einklang mit Ihren natürlichen Talenten und Interessen, sind eins mit sich und Ihrer Umgebung.

Gehen Sie nun in Ihrer Vorstellung noch ein Stückchen weiter und sehen Sie eine ganze Stadt vor sich, in der nur Menschen leben, denen es ganz genauso geht wie Ihnen. Jeder ist ein produktiver und wunderbarer Teil eines größeren Plans. Ohne sich anstrengen zu müssen, unterstützt jeder freudig und selbstlos den anderen. Streitigkeiten gibt es nach wie vor, aber sie werden kreativ und spielerisch Weise gelöst. Hinderliche

Emotionen und unsoziales Verhalten kommen praktisch nicht vor. In dieser Stadt ist kein Raum für Einzelkämpfer und Egoisten. Sie ist eine in sich geschlossene Einheit, ein lebendiger, pulsierender Spiegel der Zufriedenheit und Kreativität ihrer Einwohner.

Und nun möchte ich Sie bitten, noch ein wenig weiter über den Tellerrand zu sehen. Nehmen Sie die gesamte Erde ins Visier, diese große blaue Kugel, die sich im All schwebend lautlos um ihre eigene Achse dreht. Stellen Sie sich vor, dass jeder Mensch in jeder Stadt in jedem Land in vollster Harmonie mit der Natur lebt. Wir alle kennen diese Vision, dieses Idealbild einer perfekten Gesellschaft. Wir tragen es bereits in uns, seit wir unseren ersten Atemzug taten. Als Kinder glaubten wir daran, bis man uns in unsere Schranken verwies. Dann legten wir es beiseite und verbannten es in die hinterletzte Ecke unserer Seele – dorthin, wo alle unsere kühnsten Träume ein trauriges, vergessenes Dasein fristen. Noch schlummern sie in der Tiefe vor sich hin. Aber es bedarf nur eines Sonnenstrahls, um die Dunkelheit zu vertreiben und sie wieder zum Leben zu erwecken.

Genau darum geht es in diesem Buch. Sie werden erkennen, dass dieses Idealbild gar nicht so sehr im Dunklen liegt. Besser noch: Es gibt nichts, was Sie noch erwerben müssen, um dorthin zu kommen. Sie brauchen nicht jahrelang zu üben und auch nirgendwohin zu reisen. Sie tragen bereits alles in sich, was Sie benötigen, um das Licht zu sehen. Blicken Sie einfach in Richtung der Sonne, und was einst lediglich eine vage Erinnerung war, wird zur Realität.

Wir haben so viel Potenzial, finden Sie nicht? Was wir nicht alles zustandebringen! Ich könnte hier die typischen Beispiele aufzählen, wie einen Menschen auf den Mond zu befördern, riesige Pyramiden zu errichten oder uns mit Maschinen wie Vögel in die Lüfte zu erheben. Verglichen mit anderen Spezies, die mit uns auf der Erde leben, haben wir phänomenale Fortschritte erzielt. Und unsere Entwicklung geht in rasantem Tempo weiter, und zwar auf vielfältige Weise.

Wir schreiten mit großen Schritten voran. Überlegen Sie einmal, wie weit wir es allein in den vergangenen einhundert Jahren gebracht haben. Hätten Sie eine Stadt in den USA zu Beginn des 20. Jahrhunderts besucht, würden Sie feststellen, dass die damaligen Bewohner mit Kohle oder Holz heizten, mit Kerzen oder Gaslichtern für Helligkeit sorgten, sich zu Fuß oder mit dem Pferd fortbewegten und jeden Morgen den Inhalt des Nachttopfs im Plumpsklo im Garten entsorgten. Armut, Analphabetismus, Vorurteile und soziale Ungerechtigkeit waren ebenso an der Tagesordnung wie religiöse Intoleranz. All dies hat sich stark verändert.

Die Geschichte der USA folgt dem klassischen „Vom Tellerwäscher zum Millionär"-Muster. Allerdings sieht es nicht so aus, als würde sie auf ein glückliches Ende zusteuern. Genau hierum geht es in diesem Buch – um ein Happy End, nicht nur für die USA, sondern für jeden Menschen in jedem Land, und zwar unabhängig von Hautfarbe, Religionszugehörigkeit, Bildung, Wohlstand und Gesundheitszustand. Ich weiß, das sind große Worte. Aber was wäre, wenn ich Ihnen beweisen könnte, dass dies durchaus machbar ist? Wäre die Chance, Ihr persönliches Ideal zu erreichen, es wert, sich die Zeit zum Lesen dieses Buchs zu nehmen? Wenn nicht, dann können Sie an diesem Punkt zumindest herzhaft über das irre Gerede eines offensichtlich Verrückten lachen. Doch was wäre, wenn ich recht hätte?

Wir haben eine Vision, wir haben unsere Vorstellungskraft und wir haben gute Absichten. Seit den Zeiten der Jäger und Sammler haben wir es weit gebracht und dennoch können wir noch in vielerlei Hinsicht wachsen. Denn trotz der unglaublichen Fortschritte, die wir gemacht haben, sind wir keineswegs zufrieden. Im Gegenteil – wir scheinen in diesem Punkt den Höhepunkt bereits überschritten zu haben. Die überfälligen

Fragen lauten: Was versuchen wir wirklich zu tun? Was ist unser ultimatives Ziel? Was werden wir am Ende erreichen – und wer werden wir sein?

Die Sache mit dem Überleben haben wir im Griff. Na gut, lassen Sie mich diese Aussage ein wenig relativieren. Wir sind Experten im Grundkurs des Überlebens. Unterkunft, Nahrung und Fortpflanzung bereiten uns kein Kopfzerbrechen mehr. Nicht dass wir uns falsch verstehen. Natürlich gibt es Gegenden auf der Erde, in denen das tägliche Überleben keineswegs gesichert ist, aber das liegt eher an den Umständen vor Ort und nicht daran, dass es uns an elementarem Wissen fehlen würde. Ja, wir sind Meister im täglichen Überleben, aber merkwürdigerweise ist das Überleben der Menschheit dennoch nicht gesichert. Das liegt daran, dass wir für etwas Höheres gedacht sind.

Können Sie es nicht auch spüren? Dieses Gefühl, dass etwas zu fehlen scheint, etwas Grundlegendes und zutiefst Elementares? Haben Sie sich noch nie gefragt, ob es nicht noch mehr gibt im Leben? Vielleicht haben Sie sich diese Frage in einem ruhigen Moment des Nachsinnens gestellt, sie aber gleich wieder verdrängt und sich stattdessen lieber ein größeres Dingsbums angeschafft, einem Freund die Ohren vollgejammert oder sich mit einer der vielen elektronischen Spielereien abgelenkt, die verhindern, dass solch quälende Fragen hochkommen. Diese Fragen sind uns unangenehm, weil wir nicht wissen, woher sie kommen. Und vor allem wissen wir nicht, wie wir sie beantworten sollen. Dabei ist es sowohl für unsere eigene geistige Gesundheit als auch für das Überleben der Menschheit von entscheidender Bedeutung, die Quelle dieses Unbehagens zu finden.

In der kurzen Zeit, die wir gemeinsam zwischen den Deckeln dieses Buchs verbringen werden, möchte ich Ihnen eine neue Sicht auf unsere aktuelle und prekäre Situation präsentieren, die deutlich macht, warum wir uns trotz unseres nahezu unendlichen Potenzials am Rande des Abgrunds befinden. Dazu werfen

1. Die Kunst des Nichts

wir unter anderem einen neuen Blick auf bestehende Forschungsergebnisse und Theorien. Mit diesem neuen Blick ist es so, als würde man die Buchstaben eines bekannten Wortes nehmen und daraus ein neues Wort mit einer tieferen Bedeutung formen. Wenn Sie beispielsweise das englische Wort „Dog" (Hund) hören, erscheint vor Ihrem inneren Auge das Bild eines freundlich wedelnden, haarigen Vierbeiners. Stellen Sie die Buchstaben zum Wort „God" (Gott) um, stehen Sie vor einem der größten Mysterien des Lebens.

Wissen ist nur dann vollständig, wenn es durch Erfahrungen ergänzt wird. Ich werde Ihnen beides präsentieren. Zu verstehen, wo der Fehler liegt, hat nur dann einen Wert, wenn Sie gleichzeitig lernen, wie man ihn beheben kann. Und hier wird es richtig spannend, denn ich habe einen einfachen und natürlichen Prozess entdeckt, der unmittelbare Ergebnisse zeigt. Welche Ergebnisse? Schön, dass Sie fragen!

Ich habe einen Weg gefunden, wie Sie Ihren Geist vom Einfluss negativer Emotionen und Gedanken befreien können. Und bitte hören Sie mir einen Moment weiter zu, bevor Sie mich in eine Ecke zu all jenen stecken, die positives Denken oder Urteilsfreiheit propagieren. Was ich entdeckt habe, ist auf einzigartige und tief greifende Weise anders. Das traditionelle positive Denken erfordert, dass Sie … nun ja, positiv denken. Die Theorie dahinter ist, dass Sie durch positives Denken (wenn es Ihnen denn gelingt), positive Dinge in Ihr Leben holen. Die meisten Menschen haben festgestellt, dass dieser Ansatz eine Menge Zeit und Aufwand erfordert und die Ergebnisse bestenfalls mittelmäßig sind. Jüngste neurologische Forschungsergebnisse deuten sogar darauf hin, dass eine positive mentale Einstellung eher von den natürlichen Anlagen eines Menschen abhängt und künstlich hervorgerufene Freude wenig bewirkt. Das Denken positiver Gedanken hat nahezu keinen bleibenden Einfluss auf die psychophysiologische Struktur eines Menschen.

Der Prozess, den ich entdeckt habe, erfordert nicht, dass Sie sich ein positives Ergebnis vorstellen, positiv denken oder positive Emotionen erzeugen. Sie brauchen an nichts zu glauben und über keinerlei besondere Fähigkeiten oder Talente zu verfügen. Auch benötigen Sie weder Affirmationen und Intentionen noch eine lebhafte Vorstellungskraft, mit deren Hilfe Sie sich Ihre ideale Zukunft erträumen. All diese Dinge finden im Verstand statt. Wenn Sie einen gestressten oder verzweifelten Verstand dazu animieren wollen, sich selbst wieder ins Lot zu bringen, dann machen Sie praktisch den Bock zum Gärtner. Meistens erreichen Sie nicht das, was Sie sich vorgestellt haben. Wenn Sie etwas für Ihre Gedanken tun wollen, müssen Sie sie verlassen. Und genau das bringe ich Ihnen im ersten Schritt bei.

Setzen Sie sich beim Lesen und Durcharbeiten dieses Buchs nicht unter Druck. Einige der vorgestellten Konzepte sind Ihnen womöglich bislang fremd. Lassen Sie sie einfach ein Weilchen auf sich wirken. Sie müssen nicht gleich alles verstehen. Durch die Erfahrungen, die Sie machen werden, erklärt sich alles irgendwann von selbst. Diese Erfahrungen sind einfach und fühlen sich angenehm natürlich an. Und sie sind der Gegenpart zu den mentalen Konzepten, die Sie kennenlernen werden. Sie müssen an nichts glauben. Folgen Sie einfach der Anleitung und lassen Sie Ihre Wahrnehmung die Gültigkeit der Konzepte prüfen.

Trotz seiner scheinbar esoterischen Natur beruht alles, was Sie in diesem Buch lernen werden, auf wissenschaftlichen Grundlagen und kann reproduziert werden. Ehrlich gesagt - ich bin ebenso gespannt darauf, Ihnen diese Technik beizubringen, wie Sie wahrscheinlich schon ungeduldig darauf warten, sie zu erlernen. Also steigen wir im nächsten Kapitel gleich in die Praxis ein und anschließend werde ich Ihnen den zugehörigen wissenschaftlichen Hintergrund präsentieren. Dann werfen wir einen Blick auf die Wissenschaft der Erleuchtung – was ist „Erleuchtung" und wie funktioniert sie? Wir werden uns auch ansehen, was Wissenschaftler darüber zu sagen haben, und an den Erfahrungen von Erleuchteten teilhaben, sodass Sie die Vorzeichen erkennen, wenn Sie sich bei Ihnen zeigen. Gemeinsam werden wir erkunden, was es heißt, vollständig Mensch zu sein. Ich glaube, dass Ihnen dieses Buch viel Freude machen wird. Es enthält eine einfache und dennoch tief greifende Botschaft. Wenn Sie die Lektüre beendet haben, werden Sie wissen, dass Sie genau in diesem Moment bereits vollständig sind. Sie werden ein Geheimnis entdeckt haben, das nie verborgen war. Ihnen wird bewusst werden, dass Ihre Sorgen und Probleme lediglich darauf beruhen, dass Sie in die falsche Richtung geblickt haben. Es ist so, als stünden Sie auf einem Felsvorsprung und schauten auf die Felswand anstatt auf das grandiose Panorama unter Ihnen. Meine Aufgabe besteht einzig darin, Sie zu bitten, sich einmal umzudrehen. Durch die neue Sicht, die sich Ihnen dann bietet, eröffnet sich ein weites Feld an Möglichkeiten und Potenzial. Stück für Stück werden die Mysterien Ihres Lebens enthüllt. Sie werden staunen, wie einfach alles im Grunde genommen ist, und große Befriedigung aus dem Wissen ziehen, dass Sie in Ordnung sind, es schon immer waren und es auch immer sein werden. Die Verwirrung weicht dem Verstehen und die Betroffenheit der Freude.

Was nun bedeuten all diese blumigen Worte für Ihr alltägliches Leben? Wie kann man sie praktisch anwenden? Nun, hier sind nur einige Dinge, die Sie nach dieser Lektüre tun können:
- Erfolgreicher sein und den Erfolg mehr genießen
- Beginnen, sich selbst und anderen innerhalb von Minuten Heilung zukommen zu lassen
- Entdecken, wer Sie sind, wohin Sie gehen müssen und wie Sie dorthin kommen
- Sich selbst finden und das lieben, was Sie entdecken
- Entscheidungen fällen
- Die negativen Ergebnisse positiven Denkens kennen
- Sich selbst lieben und diese Liebe in anderen finden

- Wissen, was es bedeutet, erleuchtet zu sein
- Ein 90-Tage-Programm für mehr Harmonie und Erfolg beginnen
- Spaß haben

Kernpunkte

- Wir Menschen haben Visionen, Vorstellungskraft und gute Absichten, aber bleiben dennoch unzufrieden.
- In unserem Leben fehlt etwas Grundlegendes.
- Wissen ist nur dann vollständig, wenn es durch Erfahrungen gestützt wird.
- Traditionelle Systeme des positiven Denkens erfordern großen Aufwand und haben eine hohe Fehlerquote.
- Wenn Sie einem überlasteten Verstand helfen wollen, müssen Sie sich in einen Raum jenseits der Gedanken begeben.
- Sie sind genau in diesem Moment bereits vollständig.

Kapitel 2
Wie Nichts funktioniert

Was auch immer ich versuchte, nichts funktionierte. Und dann kam mir die Erkenntnis. Nichts *funktioniert!*

Frank Kinslow

Ich weiß – mich selbst zu zitieren, mag ein wenig arrogant wirken. Aber als mir diese Erkenntnis zum ersten Mal kam, hat sie mich wirklich vom Hocker gehauen. Diese einfache Einsicht hat eine Bewegung ausgelöst, die das Leid vieler tausend Menschen rund um die Welt verringert und ihre Lebensqualität verbessert hat. Und sie ist der Grund, warum wir uns hier begegnen. Kein Wunder also, dass ich diese Erkenntnis mit Ihnen teilen möchte.

Was ich entdeckt habe, hat weniger mit Ihrem Verstand zu tun. Es geht vielmehr um Ihre Bewusstheit. Ob Sie so etwas haben? Natürlich, denn sonst könnten Sie dieses Buch gar nicht lesen. Bewusstheit müssen Sie nicht künstlich erzeugen wie eine positive Emotion. Wenn Sie wach sind, sind Sie ganz von selbst bewusst, ohne sich irgendwie anstrengen zu müssen. Das ist also unser Ausgangspunkt – die ganz normale alltägliche Bewusstheit.

Die nächste Zutat in diesem bemerkenswerten Rezept zum Lindern von Leid und zum Erzielen von mehr Erfolg im Leben ist die Wahrnehmung. Wahrnehmung ist das, womit wir unser Bewusstsein füllen. Wir nehmen über unsere Sinne wahr:

Sehen, Schmecken, Fühlen, Riechen und Hören. Wenn Sie eine Blume sehen, wird das Bild der Blume auf die Netzhaut Ihres Auges geworfen. Die Wahrnehmung der Blume auf der Netzhaut wird in elektrische Impulse umgewandelt, die an Ihr Gehirn übertragen werden. Dieses wiederum wandelt die Impulse in das Bild der von Ihnen betrachteten Blume um. Der ganze Prozess läuft im Handumdrehen und vollkommen automatisch ab.

Wenn wir bei unserem Beispiel bleiben, würde Ihr Auge die Blume zwar sehen, aber ohne Bewusstsein könnten Sie gar nicht wissen, dass sie existiert. Wäre Ihr Auge ein Fotoapparat, dann entspräche die Wahrnehmung dem Prozess der Aufnahme des Bildes: Das Bild der Blume wird durch die Linse aufgenommen und auf der Speicherkarte Ihrer Digitalkamera abgelegt. Die Bewusstheit wäre das Licht, das den gesamten Vorgang überhaupt erst möglich macht. Ohne Licht gibt es kein Bild und daher auch keine Wahrnehmung der Blume – sie existiert dann faktisch für Sie nicht.

Es gibt viele Formen von Bewusstheit. Sie können hellwach, müde, abgelenkt, leicht beschwipst und so weiter sein. Wenn wir uns Bewusstheit als Licht vorstellen, dann entsprechen die unterschiedlichen Formen der Bewusstheit verschiedenen Helligkeitsstufen. Nehmen wir einmal an, der Maximalwert unserer imaginären „Licht-/Bewusstseinsskala" läge bei 10. Das Alltagsbewusstsein hat dann auf unserer Skala von 0 bis 10 in etwa den Wert von 4 bis 5, vergleichbar einer Außenaufnahme an einem bewölkten Tag. Je nach Grad der Erschöpfung liegt müde Bewusstheit bei einem Wert von 2 bis 3. In unserer Fotoanalogie entspräche das einem Foto, das wir in der Abenddämmerung aufnehmen. Drogen wie Alkohol oder Beruhigungsmittel lassen den Wert auf 0 bis 2 sinken, vergleichbar einem bei Nacht aufgenommenen Foto. Durch Aufputschmittel wie Koffein wird unser Bewusstsein temporär auf einen Wert von 6 oder 7 katapultiert, gefolgt vom darauffolgenden

Absturz, der uns wieder bei einem Wert von 2 bis 3 ankommen lässt. Das ist so, als würden wir ein Foto mit Blitzlicht schießen und müssten dann die Batterie wieder aufladen.

Meine Entdeckung ist folgende: Es ist möglich, die reinste Form der Bewusstheit zu erreichen, also eine 10 auf unserer imaginären Skala. Wenn Sie sich im Zustand reiner Bewusstheit befinden, ist das so, als würden Sie bei perfekten Bedingungen und strahlendem Sonnenschein ein Foto machen. Durch die Wahrnehmung der reinen Bewusstheit erfahren wir die wahrhaftigste und lebhafteste Widerspiegelung des Lebens. Wir müssen uns nicht mehr anstrengen, um die Dinge klar zu sehen. Reine Bewusstheit gibt uns die Chance, die Welt, in der wir leben, wertzuschätzen.

Was also ist reine Bewusstheit? Reine Bewusstheit ist *nichts*! Denn zumindest soweit es Ihren Verstand betrifft, existiert reine Bewusstheit gar nicht. Das liegt daran, dass sie keine Form hat. Genau wie das Tageslicht in unserem Fotobeispiel ist sie überall, aber wir sind uns ihrer in der Regel nicht bewusst. Im Grunde genommen sehen wir das Licht nicht. Wir schauen einfach hindurch, nicht wahr? Aber nur weil es vorhanden ist, können wir die Objekte sehen, die es beleuchtet. Das Licht selbst bleibt verborgen. Genauso verhält es sich mit dem Nichts der reinen Bewusstheit.

Erfahrung: Die Nichts-Technik

Nun, wie sieht es aus? Wollen wir eine kurze Pause einlegen und ein wenig reine Bewusstheit genießen? Dann machen Sie es sich bequem, setzen Sie sich an einen Ort, wo Sie in den nächsten Minuten nicht gestört werden. Sie können die Anweisungen zuvor mit einem Diktiergerät oder Smartphone aufnehmen oder jemanden bitten, Ihnen die Sätze vorzulesen. Sie oder Ihr Vorleser sollten nach jedem Satz eine 4 bis 5 Sekunden lange Pause einlegen. Das ist die Variante, die ich Ihnen ans Herz lege. Alternativ können Sie die Anweisungen natürlich auch mehrere Male durchlesen und dann aus dem Gedächtnis heraus befolgen. Bereit? Dann fangen wir an!

Die Nichts-Technik
Schließen Sie die Augen und beobachten Sie, wie Ihre Gedanken kommen und gehen. Nehmen Sie nun wahr, an was Sie gerade denken. Der Inhalt ist nicht entscheidend. Machen Sie sich einfach bewusst, dass Gedanken vorhanden sind. Beobachten Sie Ihre Gedanken so, als ob es sich dabei um einen Film handeln würde. Lassen Sie sie einfach über die Leinwand Ihres Geistes flimmern. Schauen Sie nun ganz entspannt über Ihre Gedanken hinaus. Sie werden bemerken, dass dort nichts ist. Seien Sie sich dieses Nichts bewusst, so lange es sich für Sie gut anfühlt. Wenn wieder Gedanken auftauchen, beobachten Sie sie für eine Weile und blicken Sie dann wieder über die Gedanken hinaus oder zwischen ihnen hindurch auf das Nichts. Machen Sie dies zwei bis drei Minuten lang.

Spüren Sie als Erstes nach, wie Sie sich fühlen. Ist Ihr Körper entspannter? Haben Sie das Gefühl, dass Ihre Gedanken sich beruhigt haben? Ganz schön erstaunlich, oder? Bereits nach wenigen Minuten spüren Sie, wie gut Ihnen das Nichts bekommt. Sie müssen sich weder vorstellen, Sie befänden sich an einem tropischen Strand, noch müssen Sie mit verknoteten Beinen dasitzen und durch ein Nasenloch atmen, sich auf eine Kerzenflamme konzentrieren oder ein geheimes Mantra summen. In dem Moment, in dem Sie Ihr Gewahrsein von den Gedanken auf das Nichts verlagern, machen sich in Ihrem Inneren Entspannung und Frieden breit. Das Nichts ist die Leinwand, auf die Ihre Gedanken projiziert werden. Sobald Sie sich allein der Leinwand bewusst wurden, haben Sie Ihre

Gedanken bereits hinter sich gelassen, nicht wahr? Wenn Sie das nächste Mal im Kino sitzen und einen Film schauen, nehmen Sie sich einen Moment Zeit und werden Sie der Leinwand hinter dem Film gewahr. Die Leinwand ist immer da, aber wir schenken ihr selten Aufmerksamkeit. Genauso ist es mit dem Nichts – es ist immer da, hinter unseren Gedanken.

Als Sie sich des Nichts bewusst wurden, haben Sie übrigens einfach so Ihren Geist von Gedanken befreit! Wie Sie sehen, braucht es dazu keine jahrelange Übung, auch wenn man uns das manchmal glauben machen will. Innerhalb von Sekunden haben Sie die Gedanken zurückgelassen und wurden des Nichts gewahr, das hinter ihnen liegt. Und selbst wenn Sie nur diese eine Übung machen würden, hätten Sie bereits eine äußerst wirkungsvolle Meditation kennengelernt, die starke Auswirkungen auf Ihr Leben haben kann. Doch wir sind noch lange nicht am Ende!

Ich möchte Sie etwas fragen: Was ist in diesem Nichts? Das halten Sie für eine verrückte Frage? Nichts ist doch einfach nur nichts, oder? Nun, wie sich herausgestellt hat, gibt es durchaus etwas in diesem Nichts. Das Etwas im Nichts ist die Bewusstheit. Es ist natürlich anders, als wenn wir eines Apfels oder des Mondes gewahr sind. Nein, hier sind wir uns des Nichts bewusst. Diesen Zustand nenne ich reine Bewusstheit oder reines Gewahrsein. Es ist der Grundzustand – der Ausgangspunkt aller erschaffenen Dinge. Und wie Sie ja bereits feststellen konnten, ist es keine schlechte Idee, der reinen Bewusstheit gewahr zu werden.

Alles, was wir erfahren, erfahren wir durch reine Bewusstheit. Die meisten Menschen wissen nicht einmal, dass sie so etwas wie reine Bewusstheit besitzen, geschweige denn, dass es ihre ureigene Natur ist. Es ist uns näher als unsere Liebsten, als unser Beruf und selbst als unsere Gesundheit, denn ohne reine Bewusstheit hätten wir nichts von all diesen Dingen. Erst die reine Bewusstheit ermöglicht es uns, zu fühlen, zu denken, wahrzunehmen und das Leben in all seiner Vielfalt und Schönheit zu erfahren. Reine Bewusstheit ist unser innerstes Wesen.

In unserem täglichen Leben führt die reine Bewusstheit ein Schattendasein. Sie wirkt hinter den Kulissen und haucht dem Leben Leben ein. Wenn wir der reinen Bewusstheit gewahr werden, dann schauen wir quasi der Schöpfung über die Schulter. Wir werden wie sie und das Mysterium des Lebens enthüllt sich unseren Augen. Schön und gut, werden Sie sagen, aber was bedeutet das für das tägliche Leben? Nun, es bedeutet, dass Sie mehr Energie, mehr Erfolg, mehr Freude und mehr Liebe in Ihrem Leben haben werden – und das ist lediglich die Spitze des Eisbergs.

In der Quantenmechanik entspricht die reine Bewusstheit in etwa dem Prinzip der impliziten Ordnung – der formlosen Nichtenergie, aus der Form und Energie entstehen. Alles, was Sie wahrnehmen – die Regentropfen in der Pfütze, das Brummen des Kühlschranks, der Anblick Ihres Gesichts im Spiegel – ist in seinem Ursprung nichts anderes als reine Bewusstheit.

Und genau an dieser Stelle stoßen wir auf das erste Problem. Ihr Verstand hat nämlich kein Interesse an reiner Bewusstheit, weil er sie nicht ohne Weiteres wahrnehmen kann. Für den Verstand ist reine Bewusstheit einfach – nichts! Und weil er sie nicht wahrnehmen kann, kann er auch nicht das tun, was er am liebsten macht: Dinge einordnen, analysieren, manipulieren und etwas Neues daraus schaffen. Folglich findet Ihr Verstand reine Bewusstheit – also das, was das Ende aller Langeweile darstellt – sehr schnell stinklangweilig. Was nun?

An dieser Stelle hat das Eu-Gefühl seinen großen Auftritt! Das Eu-Gefühl ist etwas ganz Besonderes, denn es ist sozusagen in beiden Welten verankert. Einerseits ist es formlose reine Bewusstheit, andererseits der erste wunderbare Ausdruck der reinen Bewusstheit in Ihrem Geist. Lassen Sie mich dies anhand eines Beispiels erklären. Wenn Sie das Wasser im Meer betrachten, können Sie sehen, dass es viele verschiedene Formen annehmen kann. An der Oberfläche zeigen sich Wellen, Gischt und Strömungen. Unter der Oberfläche weist das Wasser immer wieder eine unterschiedliche Temperatur, Dichte und Klarheit auf. Das Wasser kann an der Oberfläche tosen, während sich am Boden des Meeres nichts rührt. Wäre Ihr Geist ein Meer, wäre die reine Bewusstheit das Wasser und das Eu-Gefühl die verschiedenen Formen, die dieses Wasser annehmen kann. Ihre Gedanken wiederum wären die vielen Lebensformen, die den Ozean bevölkern.

Lassen Sie uns für einen Moment diesen bildlichen Vergleich verlassen und einen Blick darauf werfen, warum das positive Denken, so wie es heute praktiziert wird, nicht funktioniert. Wir neigen dazu, zu denken, dass negative und positive Gedanken zwei verschiedene Zustände derselben Wahrnehmung sind, genau wie heiß und kalt zwei verschiedene Zustände von Wasser sind. Wenn wir warmes Wasser als negativ ansehen würden und kaltes Wasser als positiv, dann müssten wir dem heißen Wasser einfach nur genügend kaltes hinzufügen und es würde schnell abkühlen. Einige denken nun, dass eine negative Wahrnehmung, der wir ausreichend positive Gedanken hinzufügen, zu einer positiven Wahrnehmung wird. Doch in der Realität funktioniert dieses Modell leider nicht. Wer versucht, eine negative Wahrnehmung mithilfe positiver Gedanken zu verändern, macht sich etwas vor. Es kostet eine Menge Energie, in einer negativen Situation eine positive Einstellung beizubehalten, wohingegen es praktisch keine Energie kostet, eine positive Situation wahrzunehmen. In Wirklichkeit sind eine negative und eine positive Wahrnehmung nicht zwei unterschiedliche Zustände derselben Wahrnehmung. Es handelt sich schlichtweg um zwei getrennt voneinander existierende Wahrnehmungen. Wir können Äpfel nicht mit Birnen vergleichen. Und wenn wir versuchen, beide zu kombinieren, kommt wenig Gutes heraus. Sich selbst davon überzeugen zu wollen, dass ein Schlamassel keiner ist, ist eine

Form der Verleugnung, die sowohl schädlich als auch kräftezehrend ist.

Lassen Sie uns zu unserer Meeresanalogie zurückkehren. Das gesamte Leben im Ozean hängt von den Wasserbedingungen ab. Ein Kaltwasserfisch kann ebenso wenig in tropischen Gewässern gedeihen wie ein positiver Gedanke in einer negativen Umgebung. Ganz gleich wie viele Freunde der Kaltwasserfisch mit in die Tropen nimmt, es wird ihm dort nicht besser gehen. Nehmen wir nun einmal an, unser Kaltwasserfisch praktiziert positives Denken und versucht sich davon zu überzeugen, dass das warme Wasser eigentlich kalt ist. Doch unabhängig davon, was er sich selbst vorzugaukeln versucht, wird die Realität seines Aufenthalts im warmen Wasser seinen Bemühungen, ein produktives Leben zu führen, entgegenwirken. Während seine Lebensqualität also immer weiter abnimmt, werden seine tatsächlichen Erfahrungen immer unangenehmer und negativer und er wird immer härter daran arbeiten müssen, die Illusion des kalten Wassers aufrechtzuerhalten. Verstehen Sie, was ich meine? Sir Walter Scott wusste, wovon er sprach, als er sagte: „Oh what a tangled web we weave when first we practice to deceive." (In Deutsch etwa: „Oh welch verworrenes Netz wir spannen, als wir einst mit dem Betrügen begannen.") (Ich weiß, Sie denken jetzt, ich habe mich vertan und dass Shakespeare der Dank für dieses Zitat gebührt. Das habe ich früher auch einmal gedacht ...). Wen wir betrügen? Nun, uns selbst natürlich!

Was ich damit sagen will: Negativität hat durchaus ihren Wert. Es nützt uns nichts, wenn wir versuchen, sie unter den Teppich zu kehren. Wenn Sie die Illusion einer positiven Einstellung erzeugen, verpassen Sie die Chance auf wahrhaftige Positivität. Ja, Sie haben richtig gelesen. Während Sie hart daran arbeiten, den Glauben aufrechtzuerhalten, dass in Ihrer Welt alles zum Besten steht, verpassen Sie die Möglichkeit, sie tatsächlich zu verbessern. Würde unser Kaltwasserfisch nicht versuchen, positiv zu denken oder sich darin verlieren, entsprechende Intentionen zu erzeugen, wäre er mit der nackten Realität konfrontiert, dass er nicht in seine Umgebung passt. Diese Erkenntnis wäre seine Rettung und der erste Schritt auf dem Weg zu greifbar positiven Erfahrungen.

Sowohl das Negative als auch das Positive haben ihren Platz in unserer Welt. Das ist eine absolute Realität. Wenn wir diese Realität leugnen, leben wir in einer Illusion. Sobald wir erst einmal erkennen, wie beide Seiten zusammenarbeiten, setzt die wahre Magie ein. Wir werden zu einem späteren Zeitpunkt noch tiefer in diesen Ozean eintauchen. Der zugehörige Prozess, den Sie schon bald lernen werden, ist übrigens viel einfacher auszuführen als zu beschreiben. Tausende von Menschen weltweit setzen ihn bereits Tag für Tag ein und bald werden auch sie dazu gehören.

Gut. Kommen wir nun zurück zu unserem Meeresbeispiel und der Vorstellung, dass Bewusstheit für das Eu-Gefühl uns mehr Freiheit und Erfüllung beschert. Wenn Sie die verschiedenen Zustände von Wasser wahrnehmen wollen – wie Temperatur, Klarheit und so weiter –, müssen Sie zunächst des Wassers selbst gewahr werden. Wenn Sie einen Fisch bitten würden, des Wassers gewahr zu werden, in dem er schwimmt, würde er Sie fragen: „Welches Wasser?" Nehmen Sie den Fisch hingegen aus dem Wasser und lassen ihn die Luft erfahren, weiß er, sobald er wieder im Wasser schwimmt, durch den erfahrenen Vergleich, was gemeint ist. Alle Ihre verschiedenen Geisteszustände – Gedanken, Emotionen, Erinnerungen, Wahrnehmungen und viele weitere – hängen vom Eu-Gefühl ab. Wenn Sie des Eu-Gefühls gewahr werden wollen, müssen Sie als Erstes zum Fisch werden, der das vertraute Wasser verlässt. Sie müssen das reine Gewahrsein erfahren. Sobald Sie das auf die richtige Weise tun, sinken Sie in die tiefe Stille des Geistes, als würden Sie zum Meeresboden sinken. Es liegt eine überwältigende Anzahl an wissenschaftlichen Forschungsergebnissen vor, die belegen, wie förderlich dieser Zen-artige Ruhezustand für die geistige, körperliche, emotionale und seelische Gesundheit ist. Aber wir haben erst die Hälfte des Weges hinter uns. Der Wert meiner Entdeckung bezieht sich auf zweierlei: Wie man von einem Moment auf den anderen in diese tiefe mentale Stille eintaucht und wie man selbst inmitten von Aktivität dort verbleibt. Ich weiß, dass das sofortige Erreichen dieser inneren Stille allen traditionellen Lehren widerspricht, aber ich kann es nicht ändern. Vielleicht hat man Ihnen gesagt, es erfordere jahrelanges Lernen und mühsames Üben, bis man den Zustand der Gedankenfreiheit erreicht. Bislang stimmte das auch. Doch nun können Menschen mit völlig verschiedenen sprachlichen, kulturellen, gesellschaftlichen, finanziellen, spirituellen und welchen Hintergründen auch immer, mithilfe einer kurzen Anleitung einen Zustand erreichen, in dem sie die Gedanken hinter sich lassen und die einfache und reine Freude des Eu-Gefühls genießen. Der Grund hierfür ist, dass das Gewahrsein des Eu-Gefühls das Geburtsrecht jedes Menschen auf dieser Erde ist. Der freie Zugang zu dieser inneren Essenz, dieser inneren Stille, aus der Kreativität, Harmonie und Heilung fließen, ist eine natürliche Erweiterung unserer Menschlichkeit. Sie ist Teil unseres genetischen Codes. Erleuchtete Menschen jedes Zeitalters haben uns gelehrt, dass es möglich ist, diesen Zustand zu erreichen. Wir wussten nur noch nicht, wie einfach das sein kann.

Kernpunkte

- Wahrnehmung erfolgt umgehend und automatisch.
- Ohne Bewusstheit gibt es keine Wahrnehmung.
- Reine Bewusstheit ist unsere Essenz.
- Das Gewahrsein der reinen Bewusstheit verbessert die Lebensqualität.

- Das Eu-Gefühl ist der erste wunderbare Ausdruck reiner Bewusstheit in unserem Geist.
- Es erfordert eine Menge Energie, in einer negativen Situation eine positive Haltung beizubehalten.
- Sind wir des Eu-Gefühls gewahr, löst sich Negativität sofort und mühelos auf.
- Bewusstheit für das Eu-Gefühl ist das Geburtsrecht jedes Menschen.

Kapitel 3

Die Eu-Stille-Technik: Wo sie herkommt und wie sie funktioniert

„Wenn eine Idee am Anfang nicht absurd klingt, dann gibt es keine Hoffnung für sie."
Albert Einstein

Gleich werden wir uns näher mit der Eu-Stille-Technik beschäftigen; sie ist Grund, warum ich dieses Buch geschrieben habe. Aber zunächst einmal möchte ich Ihnen erzählen, wie die Technik entstanden ist. Wo immer ich auf der Welt unterwegs bin, werde ich gerne gefragt, welche Geschichte sich hinter der Technik verbirgt. Sollten auch Sie sich dafür interessieren, finden Sie in den nächsten Absätzen die Antwort.

Ich habe diese Lösung für das Leid nicht entdeckt, weil ich über übernatürliche Kräfte der Selbstwahrnehmung verfüge oder irgendeine Verbindung zu den mystischen Kräften der Natur aufgebaut habe. Weit gefehlt! Wie viele bemerkenswerte Entdeckungen verdankt auch diese es dem einfachen Umstand, dass ich mich zur richtigen Zeit am richtigen Ort und im richtigen Bewusstseinszustand befand.

Alles begann im Lateingrundkurs in der neunten Klasse. Nach dem ersten Halbjahr hing ich so rettungslos hinterher, dass meine Lehrerin Mrs. Whiteman – eine Frau, die äußersten

Wert auf strenge Disziplin legte –, mich zur Rede stellte. Mit durchdringendem Blick teilte sie mir mit, dass ich es aufgrund meines völligen Mangels an Zugang zu dieser toten Sprache nicht schaffen würde, ihren Kurs zu bestehen. Dann fragte sie mich, was ich dazu zu sagen hätte. Ich wollte ihr gerne beweisen, dass ich durchaus etwas in ihrer Klasse gelernt hatte, indem ich den Satz „Ubi sunt virgines?" (Wo sind die Mädchen?) zitierte, hielt dies aber nicht für den besten Zeitpunkt. Also betrachtete ich eingehend meine Fußspitzen und murmelte etwas Unverständliches vor mich hin. Was ich ihr verschwieg, war meine Angst davor, Latein zu sprechen. Schließlich war es die Sprache der alten Römer und die waren alle tot. Ich bin mir sicher, dass sie mein Versagen als persönliche Beleidigung ihrer Lehrkünste ansah – so als hätte ich vor, meine Durchschnittsnote zu opfern, nur um sie schlecht aussehen zu lassen. Sie teilte mir mit, dass ich weiterhin an ihrer Klasse teilnehmen müsse, aber während der Stunde einfach lesen könne. Ich kam mir vor, als hätte ich im Gefängnis gesessen und wäre soeben begnadigt worden. Ich meine, einfach nur dasitzen und lesen? Ich nehme an, sie hoffte insgeheim, ich würde trotzdem weiterlernen und ihre Klasse im nächsten Semester erneut belegen. Stattdessen jedoch ging ich auf Fantasiereise. Ich wurde zu einem Mitglied der Crew von Thor Heyerdahl und glitt mit ihr auf dem Floß Kontiki den Humboldtstrom entlang. Ich las Bücher über die besonderen Fähigkeiten von Yoga-Meistern und über verschiedene Meditationstechniken. Ich hüpfte mit niemand Geringerem als Albert Einstein auf ein Photon und gemeinsam bewegten wir uns mit Lichtgeschwindigkeit durch das Universum. Ich bin mir sicher, dass es noch nie einen Lateinschüler gab, der eine solche Begeisterung an den Tag legte wie ich in dieser zweiten Hälfte des Lateingrundkurses. Mrs. Whiteman hatte, ohne es zu wollen, ein Portal zu unbekannten Gefilden aufgestoßen, in die ich mich mit Eifer stürzte. Und hier halte ich mich auch heute noch auf, während ich gleichzeitig meinen

Alltag bewältige und dem Alltäglichen einen Hauch von Mysterium verleihe.

Im Laufe der Jahre lebte ich meine Liebe zu abstrakten Gedanken auf vielfältige Weise aus. Ich interessierte mich für den mentalen Aspekt von Kampfkünsten, lernte mithilfe eines Buchs meine Freunde zu hypnotisieren, und ich entdeckte, wie man durch Meditationstechniken Schmerzen lindern und an Stärke gewinnen konnte. Als Chiropraktiker studierte ich rund fünfzig verschiedene Methoden, vom Bewegen eines Gelenks bis hin zum Steigern von Bioenergie. Ich stand ehrfürchtig staunend vor Einsteins Bild des Universums und lernte die verrückte Realität der Quantenphysik zu schätzen. Diese ungewöhnlichen und eher untypischen Schnipsel genialer Verrücktheit begannen sich ihren Weg in meinen Kopf, mein Herz und selbst in die Sicht meines Alltags zu bahnen. Und das bringt uns zur Gegenwart – nun ja, beinahe.

Vor einigen Jahren hatte ich ein Aha-Erlebnis. Wir alle wissen, dass ein Übermaß an mentaler Aktivität einem erfolgreichen Handeln im Wege steht. Wenn das tägliche Pensum von Reden, Arbeiten, Lernen und Lieben allerdings aus einem ruhigeren Geisteszustand heraus geschieht, fallen alle Tätigkeiten leichter und die Ergebnisse sind wesentlich erfüllender und positiver. Diese Erkenntnis ist in sich natürlich nichts bahnbrechend Neues. Schließlich bildet sie die Grundlage für Meditation, das Heilen chronischer Krankheiten, die bildenden Künste und das Bewerkstelligen des perfekten Jumpshots bei einem Basketballspiel. Während meiner Erleuchtungsphase fand ich heraus, dass man tatsächlich mental gesehen „nichts tun" kann – man tritt einfach beiseite, lässt dem natürlichen Geschehen seinen Lauf - und wundersame Dinge beginnen zu geschehen. Ich sah das gesamte Universum in vollkommenem Stillstand, festgefroren in einem einzigen Moment. Zu dem Zeitpunkt wusste ich es noch nicht, aber später fand ich heraus, dass dieser Stillstand einer von Einstein und anderen aufgestellten

Theorie entspricht. Genau wie sich der Anfang, der Mittelteil und das Ende eines Films alle auf der gleichen DVD befinden, so ist die gesamte Geschichte des Universums außerhalb der Zeit festgelegt. Faszinierend? Warten Sie ab, das Beste kommt erst noch.

Es ist völlig in Ordnung, mit dem Kopf in den Wolken zu schweben, solange man mit den Füßen fest am Boden bleibt. Was nützt einem die Wahrnehmung eines zeitlosen Universums, wenn man keinen praktischen Nutzen daraus ziehen kann? Und jetzt kommt der spannende Teil! Zusammen mit der Wahrnehmung des vollkommen bewegungslosen Universums kam die Technik des Nichttuns – das Erreichen von Erfüllung, Freude und Erfolg, indem man gar nichts tut. Die Zeitlosigkeit ist offenbar etwas, das jeder von uns bereits in sich trägt, als Teil unserer Gene. Und sie ist die entscheidende Komponente für nachhaltigen Erfolg. Menschen, die der Stille einen Ehrenplatz in ihrem Leben einräumen, sind stets glücklicher, erfolgreicher, mitfühlender, kreativer und liebevoller. Es gibt mehr von diesen Menschen, als Sie sich vielleicht vorstellen können, und ich werde ihnen zu einem späteren Zeitpunkt ein ganzes Kapitel widmen, damit Sie ihre Eigenschaften erkennen, wenn sie sich bei Ihnen zu zeigen beginnen. Was ich damit sagen will: Aufgrund einer einzigen blitzartigen Erkenntnis in einem Moment außergewöhnlicher Klarheit gibt es einen praktischen Prozess, der unser Leben im Gleichgewicht hält zwischen innerer Stille und ihrem dynamischen und lebhaften Ausdruck im Außen. Die tiefe Bedeutung dieser Technik wird sich Ihnen allerdings erst erschließen, wenn Ihnen bewusst wird, dass sie vereint, anstatt zu polarisieren. Lassen Sie mich das näher erklären.

Alles, was erschaffen wurde, besteht aus zwei Teilen: Energie und Form. Die grundlegendste Form der Energie ist die Welle. Wellen schließen sich zu subatomaren Teilchen zusammen, welche wiederum gemeinsam Atome und Moleküle bilden, bis Sie am Ende so etwas wie dieses Buch in den Händen halten.

Dieses Buch besitzt eine Energie, nicht wahr? Sie könnten es verwenden, um einer lästigen Mücke den Garaus zu machen, oder Sie könnten es verbrennen, wenn Sie frieren (ich hoffe sehr, dass dies der einzige Grund ist, aus dem Sie dieses Buch verbrennen würden). Sogar Gedanken und Emotionen haben Energie und Form. Sie sind nur nicht so greifbar wie andere Objekte. Dieses Buch enthält die Energie meiner Gedanken und Emotionen, welche beim Lesen ähnliche Gedanken und Emotionen bei Ihnen hervorrufen. Wenn Sie das Buch verbrennen, wird Licht und Wärme freigesetzt. Wenn Sie das Buch lesen, wird Wissen freigesetzt. Jede Form besitzt Energie und jede Energie hat eine Form.

Als Sie bei unserer ersten Übung die reine Bewusstheit erlebten, haben Sie bereits ein „Lebensfeld" kennengelernt, das weder Energie noch Form besitzt. Reine Bewusstheit ist also etwas, das nicht erschaffen wird, sondern vielmehr der Vorläufer aller erschaffenen Dinge ist, wie auch immer sie geartet sind. Wenn reine Bewusstheit also weder Form noch Energie besitzt, was ist sie dann? Wir haben gesagt, dass sie nichts ist. Damit meine ich, dass sie „nichts" enthält, weder Form noch Energie. Wie bereits gesagt, besitzt jedes Objekt Form und Energie. Also hat ein Nichtobjekt weder Form noch Energie. Etwas, das keine Form besitzt, bezeichnen wir als *Nichts*. Etwas, das keine Energie besitzt, bezeichnen wir als *bewegungslose Stille*.

Wenn wir über reine Bewusstheit reden, können wir also sagen, dass es sich dabei um ein vollständiges Nichts oder aber auch absolute Stille handelt. Der Clou daran: Ihr Verstand findet das Nichts uninteressant, es ist ihm keine besondere Aufmerksamkeit wert. Auf sehr abstrakte, aber ganzheitliche Weise „schluckt" die Stille scheinbar den Verstand. Und genau deshalb kann die Eu-Stille-Technik Ihr Leben so schnell und vollständig verändern.

Vereinfacht gesagt: Wir beginnen Einheit zu sehen, wo einst Verschiedenartigkeit war. Und es ist diese Fähigkeit, die Einheit zu erkennen, das Zusammenkommen zweier Dinge, zum Schaffen einer größeren Harmonie, die – wie wir bald feststellen werden – uns retten wird. Es ist die Eu-Stille-Technik, die es uns erlaubt, die Einheit all dessen wahrzunehmen, was automatisch und sofort zu größerem Erfolg im Leben führt. Wir reden hier nicht darüber, dass man ein Leben lang üben und studieren muss, um das Einssein zu erreichen, wie dies in der Vergangenheit der Fall war. Die Umstellung oder Verlagerung der Sicht erfolgt vielmehr unmittelbar, und dann geht es nur noch darum, dass die Puzzlestücke an den richtigen Platz fallen. Wenn man es mal so bedenkt, ist das ganz schön erstaunlich.

Was nun meine ich genau, wenn ich von der Unmittelbarkeit der Wahrnehmung spreche? Wenn Sie hinter sich das Quietschen von Bremsen hören und beim Umdrehen einen Hund sehen, der von einem Auto angefahren wurde, löst das bei Ihnen sofort körperliche und emotionale Veränderungen aus, nicht wahr? Auf körperlicher Ebene wird sich Ihr Pulsschlag erhöhen, das Herz beginnt zu pochen, Ihre Muskulatur macht sich für den Kampf-oder-Flucht-Reflex bereit, Ihr Hormonsystem reagiert mit dem Ausstoß von Adrenalin, die Pupillen erweitern sich und so weiter. Auf der Gefühlsebene wallen womöglich Angst, Panik, Verwirrung, Wut, Hilflosigkeit, Mitgefühl und vieles weitere in Ihnen hoch. Nehmen wir ein anderes Szenario: Stellen Sie sich vor, Sie beobachten einen wunderbaren Sonnenuntergang. Ihr Körper entspannt sich und Ihr Verstand verspürt eine innere Ruhe, die mit einem Hauch von Ehrfurcht einhergeht. Die Sache ist nun die: Diese Veränderungen finden alle sofort und automatisch statt. Sie müssen sie nicht künstlich erzeugen, oder? Sie benötigen weder Vorstellungskraft noch müssen Sie an etwas Bestimmtes glauben, damit die Wahrnehmung funktioniert. Ihr Körper und Ihr Verstand wissen bereits alles, was es zu wissen gibt. Dieses Wissen ist in Ihrer genetischen Blaupause verankert. Es ist das Ergebnis einer Jahrtausende alten evolutionären Entwicklung, die das Überleben sicherstellte. Darin liegt das Geniale der Eu-Stille-Technik, die Sie hier kennenlernen werden. Alles, was Sie erfahren müssen, um ganz Mensch zu sein, steht schon für Sie bereit.

Was ist Eu-Stille und warum tut sie uns gut? Der erste Teil, das Schauen nach innen, dient dem Erfahren des Nichts der reinen Bewustheit und des ersten Schimmers von Individualität, den wir das Eu-Gefühl nennen. Im Eu-Gefühl enthalten ist die endlose Weite und Stille. Diese Stille und Weite erleben Sie, wenn Sie die Eu-Stille-Technik anwenden. Das Wahrnehmen dieser tiefen Stille nennen wir Eu-Stille. Eu-Stille weckt die feinste Ebene unseres verstehenden Geistes, unseren Intellekt. Das ist der Teil von uns, der unter anderem darüber entscheidet, was wann zu tun ist oder was gut ist und was böse, was richtig und was falsch. Dieses „Aufwecken" unseres Intellekts innerhalb der Eu-Stille lässt uns die Ganzheit in der Vielfalt des Lebens erkennen. Ich weiß, das hört sich an dieser Stelle vielleicht etwas unverständlich an, aber wenn Sie die Eu-Stille wahrnehmen – die Stille, die im Kern alles Erschaffenen liegt, einschließlich Sternen, Autos und Schokoriegeln –, dann können Sie die Einheit allen Lebens erfassen. Eu-Stille ist der „Kleber", der unsere Welt zusammenhält.

Der abschließende Teil der Eu-Stille-Technik liegt außerhalb von uns. An diesem Punkt richten wir unseren Blick nach außen und inspizieren die Welt der Phänomene, in der wir leben. Über die Eu-Stille-Technik beobachten wir die ausgleichende Wirkung der Eu-Stille. Wir erkennen, was Schmerz und Freude, Mann und Frau, Gut und Böse miteinander verbindet, und lernen es zu schätzen. Alles in Ihrem Leben arrangiert sich wie von selbst. Sie finden Ihren natürlichen Platz im großen Plan und haben endlich das Gefühl, zu Hause zu sein, angekommen zu sein.

Du meine Güte, ich bekomme Gänsehaut, wenn ich nur daran denke. Mir ist bewusst, dass sich alles bisher Gesagte unheimlich abstrakt und für Sie unerreichbar anhören muss, aber ich kann Ihnen versichern, dass das nicht so ist. Ich habe keinesfalls vor, meine oder Ihre Zeit zu verschwenden.

Erinnern Sie sich an das vorhin beschriebene Bild: Mit dem Kopf in den Wolken und den Füßen fest am Boden? Darüber rede ich hier gerade. Sie müssen die Eu-Stille nicht verstehen, um die zugehörige Technik anwenden zu können. Sie haben bereits alles, was Sie hierfür benötigen. Soviel kann ich Ihnen garantieren – und sogar noch mehr: Sobald die Eu-Stille einmal in Ihrem Leben Fuß gefasst hat, wird alles bislang Gesagte verständlich werden.

Wie nun funktioniert die Eu-Stille-Technik? Nun, nicht nach herkömmlichen Regeln, so viel steht fest. Wenn Sie einmal darüber nachdenken, dann geht es bei einer Technik darum, wie man etwas *tut*, richtig? Wie aber kann man etwas tun, um nichts zu tun? Auf den ersten Blick scheint es vollkommen unmöglich, aus einer Nichtaktivität eine Aktivität zu machen. Genau aus diesem Grund dauert es bei vielen Meditations- und anderen spirituellen Techniken so lange, bis man Ergebnisse erzielt. Es wird erwartet, dass der Praktizierende innere Stille erzeugt oder zum unbeweglichen Beobachter wird, indem er etwas *tut*. So geht es beispielsweise darum, positive Gedanken zu erschaffen, sich auf ein Wort oder eine Idee zu konzentrieren, eine bestimmte Sitzhaltung einzunehmen oder eine spezielle Atemtechnik zu verwenden. Das ist das genaue Gegenteil vom eigentlichen Ziel des inneren Friedens oder des stillen Beobachtens.

Bewegung, sei sie nun mental oder körperlich, führt nicht zur Stille. Stille existiert unabhängig von Bewegung. Traditionelle Techniken funktionieren, wenn Ihr Verstand müde wird und aufhört, die vorgeschriebene Technik anzuwenden – dann wartet die Stille bereits mit offenen Armen auf Sie. Die Eu-Stille-Technik überspringt den Teil des Müdewerdens und geht gleich zur Stille.

Die Eu-Stille-Technik ist eine Art verlagerte Wahrnehmung – vom Tun hin zum Sein –, die so natürlich ist, dass Entspannung und innerer Friede die unmittelbaren Folgen sind, schnell ergänzt um messbare Heilungsfortschritte und später sogar noch um tiefer gehende Ergebnisse. Ich habe es nicht bewusst darauf angelegt, eine einfache, auf wissenschaftlichen Erkenntnissen basierende Technik zu entwickeln. Sie erschien einfach eines Tages in Form eines Samenkorns und alles, was ich tun musste, war sie aufkeimen und wachsen zu lassen.

Oder einfacher gesagt: Ich stolperte eines Tages über einen Weg, nichts zu *tun*. Ja, Sie haben richtig gelesen, es geht ums Nichttun. Und es wird sogar noch besser, denn es hat sich herausgestellt, dass Nichttun notwendig ist, wenn etwas getan werden soll. Hört sich verrückt an? Vielleicht, aber es ist wahr! Das war es übrigens schon immer. Wenn wir etwas tun wollen, müssen wir zuerst in die entgegengesetzte Richtung gehen. Klinge ich jetzt noch verrückter? Schauen wir uns das Ganze doch einmal gemeinsam an.

Wenn Sie sich von dem Stuhl erheben möchten, in dem Sie gerade sitzen, was müssen Sie dann als Erstes tun? Richtig! Sie müssen zuerst Ihre Hände und Füße nach unten drücken, wenn sie aufstehen wollen. Wenn Sie als Nächstes beschließen, sich ein Getränk aus dem Kühlschrank zu holen, müssen Sie Ihren Fuß zuerst in die vom Kühlschrank entgegengesetzte Richtung drücken, damit Sie vorwärtsgehen können, in Richtung des Kühlschranks und des eiskalten Biers, das dort auf Sie wartet. Wenn Sie einen Nagel einschlagen wollen, müssen Sie den Hammer zunächst in die entgegengesetzte Richtung bewegen. Beim Errichten eines Wolkenkratzers wird zuerst ein Loch in die Erde gebuddelt.

Und jetzt kommen wir zum Nichttun-Teil. Zwischen dem Abdrücken des Fußes und der Vorwärtsbewegung gibt es einen kurzen Ruhezustand, richtig? Der Fuß hat den Druck nach hinten abgeschlossen und bevor er nach vorne schwingt, hält er kurz inne. Auch wenn Sie mit dem Hammer ausholen, gibt es einen kurzen Moment des Stillstands, bevor Sie ihn nach vorne in Richtung Nagel bewegen.

Selbst die einfachste Form der Aktivität in der Schöpfung, die Sinuskurve, zeigt dieses Nichtstun-Tun-Prinzip. Die Sinuskurve geht nach oben und nach unten, nach oben und nach unten – und zwar ohne Ende. Aber das bedeutet nicht, dass die untere Hälfte der Sinuskurve immer nur ackern muss. Nach jedem Hoch und jedem Tief wird kurz verschnauft, es gibt eine Art „Kaffeepause". Scheinbar ist das Universum ein angenehmer Arbeitgeber, der Ruhe, die Kunst des Nichttuns, in jede Aktivität einbaut – selbst auf der grundlegendsten Stufe der Schöpfung.

Jetzt wäre ein guter Zeitpunkt, sich dieses faszinierende Prinzip einmal näher anzusehen. Nehmen wir beispielsweise das Bogenschießen – eine wunderbare Analogie zur Darlegung der Prinzipien von dynamischer Aktion und Erfolg, also den grundlegenden Kräften, die bei der Eu-Stille-Technik wirken.

Nehmen wir einmal an, Sie wollten mit einem Pfeil auf ein Ziel schießen. Was müssen Sie als Erstes tun? Sie müssen den Pfeil in die entgegengesetzte Richtung vom Ziel ziehen. Sobald Sie den Pfeil weit genug zurückgezogen haben und bevor Sie ihn loslassen, halten Sie kurz inne. Es ist eine andere Art von Ruhezustand, als wenn der Pfeil einfach nur so auf dem Boden läge. Der vollkommen gespannte Pfeil zeigt, was ich mit dynamischer Ruhe meine. Er bewegt sich nicht, hat aber das volle Potenzial dies zu tun, sobald Sie ihn loslassen.

Was tun Sie als Nächstes? Sie peilen das Ziel an, richtig? Was müssen Sie nun tun, nachdem Sie den Pfeil ganz nach hinten gezogen und das Ziel angepeilt haben? Genau! Nichts! Bevor Sie den Pfeil loslassen, halten Ihre angespannten Armmuskeln den Pfeil an Ort und Stelle. Alles, was Sie nun tun müssen, ist *aufzuhören etwas zu tun*. In diesem Fall lösen Sie einfach die Anspannung der Muskeln und sofort macht der

Pfeil sich auf den Weg. Wenn Sie richtig gezielt haben, landen Sie einen Volltreffer. Genau so funktioniert auch die Eu-Stille-Technik.

Der Pfeil steht für die Fähigkeit Ihres Geistes, erfolgreich in Aktion zu treten und das zu bekommen, was Sie möchten. Wenn Sie den Pfeil eingelegt, aber noch nicht zurückgezogen haben, sitzt er einfach da. Wenn Sie ihn jetzt loslassen, fällt er schlichtweg zu Boden. Das könnte man mit der Inaktivität Ihres Geistes während des Tiefschlafs vergleichen. Ziehen Sie den Pfeil lediglich ein paar Zentimeter zurück, steht dies für das Potenzial Ihres Verstandes im normalen Alltagsbewusstsein. Wenn Sie ihn nun loslassen, bewegt er sich zwar nach vorne, erreicht aber bei Weitem nicht sein volles Potenzial. Auf diese Weise benötigt man sicherlich mehrere Versuche, um das Ziel zu treffen, sofern es überhaupt gelingt. Wenn Sie den Pfeil jedoch ganz zurückziehen und in Richtung Ziel abschießen, agieren Sie aus Ihrem vollen Potenzial heraus. Es ist so, als würden Sie Ihre Bewusstheit durch das normale Alltagsbewusstsein hindurch bis hin zu reiner Bewusstheit und dem Eu-Gefühl bewegen.

Lassen Sie mich Ihnen sagen, was das Wunderbare an der Eu-Stille-Technik ist. Nachdem Sie den Pfeil ganz zurückgezogen haben und er sich im Zustand dynamischer Ruhe befindet, richten Sie ihn als Nächstes auf das Ziel. Mit voll gespanntem Bogen und einem Pfeil, der auf das Ziel gerichtet ist, hören Sie auf etwas zu tun, und schon fliegt der Pfeil zielsicher ins Schwarze. Wenn Sie mit der Eu-Stille-Technik arbeiten, ziehen Sie den Verstand komplett in die reine Bewusstheit, werden der Eu-Stille gewahr und dann des Eu-Gefühls. Das Wahrnehmen der Eu-Stille versetzt Ihren Geist in die dynamische Ruhe, die als Vorbereitung für zielgerichtetes Handeln dient. Des Eu-Gefühls gewahr zu werden, ist wie das Richten des Pfeils auf das Ziel, um es mit dem vollen Potenzial der Eu-Stille im Rücken genau zu treffen. Sobald Sie der Eu-Stille gewahr sind, tun Sie mental nichts, während das Eu-Gefühl Ihren Körper und Geist zielsicher hin zu Ihrer persönlichen, finanziellen, beruflichen oder seelischen Wunschvorstellung lenkt.

Das ist alles! Wie Sie sehen können, ist nicht viel dabei. Bei nahezu allem, was wir im Leben tun, konzentrieren wir uns auf das Tun anstatt auf das Nichttun. Tun, tun, tun und dann noch ein bisschen mehr tun, ist anstrengend. Alles gerät aus dem Gleichgewicht, wenn die harmonisierende Stille fehlt. Wie nun können wir dynamische Stille in unser Leben einbeziehen? Ich glaube, jetzt ist der richtige Zeitpunkt zum Erlernen der Eu-Stille-Technik gekommen.

Kernpunkte

- Einstein und andere haben die Theorie eines stillstehenden Universums aufgestellt.
- Zeitlosigkeit (Bewegungslosigkeit) ist das Fundament tief greifenden Erfolgs.
- Alles Erschaffene besteht aus zwei Teilen: Energie und Form.
- Reine Bewusstheit ist Nichts, absolute Stille.
- Eine Wahrnehmung hat sofortige Auswirkungen auf Körper und Geist.
- Die Wahrnehmung des Nichts (der Stille) ist die Voraussetzung für dynamische Aktivität.
- Die Wahrnehmung der Eu-Stille ist das Gewahrsein reiner Bewusstheit während man denkt und handelt.

Kapitel 4
Wie man das Eu-Gefühl findet

„Die meisten von uns sterben, ohne unsere Musik gespielt zu haben."
Oliver Wendell Holmes

Mit dem oben stehenden Zitat will Oliver Wendell Holmes uns darauf aufmerksam machen, dass wir etwas verpassen. Oder genauer gesagt, dass wir etwas so Lebenswichtiges vernachlässigen, dass unser Leben deswegen seine Musik verliert. Das erinnert mich an die Schattenwelt von Platons Höhle. Sie sind ein einzigartiges Instrument in der Sinfonie des Lebens (ja, ich weiß, das klingt ein bisschen schwülstig, aber es passt). Sie müssen die Musik spielen, die Sie sind. Eine Trommel kann nicht wie eine Violine klingen. Um Ihre ureigene Melodie zu spielen, müssen Sie sie erst einmal finden. Ihre innere Musik, die mit der Sinfonie der gesamten Schöpfung harmoniert, ist Ihre spezielle Ausprägung des Eu-Gefühls. Im Gewahrsein des Eu-Gefühls werden Sie nicht von dieser Welt gehen, ohne Ihre Musik gespielt zu haben. So wie ein Vogel nicht daran gehindert werden kann, sein Lied mit der Welt zu teilen, wird im Gewahrsein des Eu-Gefühls die Melodie, die Sie sind, freudig in die Welt hinaus tönen.

Um die Eu-Stille-Technik zu verwenden, müssen Sie zuerst das Eu-Gefühl kennenlernen. Wenn Sie das Eu-Gefühl erkennen wollen, müssen Sie zuerst reine Bewusstheit erfahren. Das haben Sie bereits getan, als Sie beim Praktizieren der Nichts-Technik auf die Leinwand Ihres Geistes geschaut haben. Herzlichen Glückwunsch! Ein Drittel des Weges haben Sie also bereits hinter sich gebracht. Das Gewahrwerden des Eu-Gefühls ist ebenso einfach und leicht. Sollten Sie also nicht gerade in den nächsten Minuten verabredet sein oder die Gefahr bestehen, dass das Essen auf dem Herd anbrennt, ist es jetzt wohl an der Zeit, Ihnen Ihren innersten Kern vorzustellen, den ersten Schimmer dessen, was Sie zu der Person macht, die Sie sind. Ich rede vom Eu-Gefühl. Ich beginne, indem ich die Nichts-Technik noch einmal aufgreife, und dann geht es nahtlos weiter.

Wie bereits zuvor erwähnt, können Sie die Anleitung entweder mehrmals komplett durchlesen und sie dann aus dem Gedächtnis heraus befolgen. Das halte ich allerdings nicht für die beste Option. Sie können die Anleitung auch aufnehmen und nach jedem Satz eine Pause von 4 bis 5 Sekunden einlegen, oder Sie können jemand bitten, sie Ihnen vorzulesen.

Also dann, fangen wir an!

Die Eu-Gefühl-Technik

Schließen Sie die Augen und beobachten Sie einfach, wie die Gedanken kommen und gehen. Nehmen Sie nun wahr, an was Sie gerade denken. Der Inhalt ist nicht entscheidend. Machen Sie sich einfach bewusst, dass Gedanken vorhanden sind. Beobachten Sie Ihre Gedanken so, als wären sie ein Film. Lassen Sie sie einfach über die Leinwand Ihres Geistes flimmern. Schauen Sie nun ganz entspannt über Ihre Gedanken hinaus. Sie werden bemerken, dass dort nichts ist. Seien Sie sich dieses Nichts bewusst, so lange es sich für Sie gut anfühlt. Wenn wieder Gedanken auftauchen, beobachten Sie sie für eine Weile und schauen Sie dann wieder über die Gedanken hinaus oder zwischen ihnen hindurch auf das Nichts. Machen Sie dies zwei bis drei Minuten lang.

Nehmen Sie nun wahr, wie Sie sich fühlen. Sie werden eine Art Wohlgefühl spüren. Vielleicht fühlt es sich an wie Weite und Entspannung, Stille oder Frieden. Vielleicht verspüren Sie sogar Freude oder Liebe oder Glückseligkeit. Es ist nicht wichtig, welches gute Gefühl Sie verspüren. Nehmen Sie es einfach wahr. Dieses gute Gefühl, dieser Frieden oder diese Leichtigkeit, das ist Ihr Eu-Gefühl. Beobachten Sie nun ganz entspannt Ihr Eu-Gefühl.

Ihre einzige Aufgabe besteht darin, Ihr Eu-Gefühl zu beobachten, um zu sehen, was es tut. Es wird sich in irgendeiner Form verändern, und es geht allein darum, diese Veränderung wahrzunehmen. So kann es beispielsweise sehr ruhig werden oder sehr stark. Es kann in ein anderes Eu-Gefühl übergehen. Ein Gefühl der Leichtigkeit kann sich in Glückseligkeit oder Grenzenlosigkeit verwandeln. Kein Eu-Gefühl ist besser als das andere. Vielleicht stellen Sie auch fest, dass Ihr Eu-Gefühl ganz verschwindet und allein reines Gewahrsein zurückbleibt. Reines Gewahrsein ist kein Ziel. Es ist einfach nur eine weitere Erfahrung, die Sie haben können, während Sie das Eu-Gefühl beobachten. Ganz gleich, was sich verändert – Ihre Absicht besteht allein darin, das Eu-Gefühl zu beobachten, ohne in irgendeiner Form einzuschreiten.

Sie werden ebenfalls bemerken, dass die Gedanken kommen und gehen. Das wird immer der Fall sein und Sie sollten nicht dagegen ankämpfen. Gedanken, Geräusche, Körperfunktionen und so weiter sind in Ordnung. Sie sollten sie nicht ablehnen. Wann immer Sie gewahr werden, dass Sie einen Gedanken haben oder ein Körpergefühl, lassen Sie Ihr Gewahrsein einfach entspannt zurück zum Eu-Gefühl wandern.

> Fahren Sie damit fort, Ihr Eu-Gefühl und seine Veränderungen zu beobachten, und wenn Sie es verlieren, lassen Sie Ihr Gewahrsein ganz sanft wieder zu ihm zurückkehren. Machen Sie dies 3 bis 5 Minuten lang. Öffnen Sie dann langsam wieder die Augen und fahren Sie mit dem Lesen fort.

Willkommen zurück. Nun, wie fühlen Sie sich jetzt, nachdem Sie die Augen geöffnet haben? Fühlen Sie sich körperlich entspannter? Was machen Ihre Gedanken? Verspüren Sie ein innerliches Wohlgefühl? Vielleicht empfinden Sie Stille oder Frieden oder ein Gefühl von Erleichterung, Freude, Glückseligkeit, Mitgefühl oder Leichtigkeit. Nehmen Sie sich einen Moment Zeit und nehmen Sie dieses gute Gefühl wahr. Das ist Ihr Eu-Gefühl. Und wissen Sie was? Ihre Augen sind offen und Sie spüren das Eu-Gefühl noch immer! Ist das nicht erstaunlich? Sie mussten die Augen schließen, um das Eu-Gefühl zu finden, aber nun erleben Sie es auch mit offenen Augen. Das Eu-Gefühl ist ständig und überall vorhanden. Wenn Sie des Eu-Gefühls gewahr werden – sei es mit offenen oder geschlossenen Augen – stehen Sie kurz davor, Ihr volles Potenzial zu realisieren. Sie haben den Pfeil ganz zurückgezogen und sind bereit, ihn auf das Ziel zu richten.

Sehen Sie, wie einfach es ist? Ganz gleich was auf der Leinwand Ihres Geistes erscheint, Ihre Position bleibt immer gleich. Sie sind der Beobachter, mehr nicht. *Versuchen Sie weder einzugreifen noch Ihre Gedanken oder Ihr Eu-Gefühl zu kontrollieren.* Glauben Sie mir – alles regelt sich ganz von allein. Haben Sie etwas dafür tun müssen, um sich entspannt und friedlich zu fühlen? Nein, es geschah ganz von selbst. Sobald Sie des Eu-Gefühls einmal gewahr sind, regelt es durch seine Weisheit alles. Verkomplizieren Sie die Dinge nicht, denn dadurch bringen Sie den Prozess zum Stillstand und kehren langsam aber sicher zum normalen Alltagsbewusstsein zurück.

Denken Sie daran: Ihr Eu-Gefühl ist grenzenlos, es ist immer vorhanden. Sie haben es einfach nur den größten Teil Ihres Lebens ignoriert. Und Sie werden es wieder ignorieren, es sei denn, Sie entscheiden sich bewusst dafür, es nicht zu tun. Ein Moment des Erinnerns reicht schon aus und Sie können des Eu-Gefühls gewahr werden. Probieren Sie es einfach gleich aus. Nehmen Sie sich ein bis zwei Sekunden Zeit … Sind Sie des Eu-Gefühls gewahr? Nehmen Sie ein Gefühl des Wohlbefindens, ein gutes Gefühl, wahr? Wunderbar! Mehr braucht es nicht – das Gewahrsein des Eu-Gefühls reicht bereits aus.

Schauen Sie nun auf etwas, das sich vor Ihnen befindet. Werden Sie während des Beobachtens dieser Sache des Eu-Gefühls gewahr. Lassen Sie Ihren Blick dann auf einem anderen Objekt ruhen und werden Sie erneut des Eu-Gefühls gewahr. Stehen Sie langsam auf und nehmen Sie auch dabei das Eu-Gefühl wahr. Bewegen Sie sich durch den Raum und bringen Sie dabei all Ihre Sinne zum Einsatz. Lauschen Sie auf die Geräusche im Raum und werden Sie des Eu-Gefühls gewahr. Spüren Sie, wie die Kleidung sich beim Gehen auf Ihrer Haut bewegt und seien Sie des Eu-Gefühls gewahr. Riechen Sie die Luft im Gewahrsein des Eu-Gefühls. Essen Sie etwas und achten Sie auf die Vielzahl an Geschmacksnuancen, die in Ihrem Mund explodieren, bei gleichzeitiger Wahrnehmung des Eu-Gefühls.

Ist Ihnen aufgefallen, dass Sie sich, wenn Sie des Eu-Gefühls gewahr sind, keinerlei Sorgen über das Bezahlen von Rechnungen, Probleme bei der Arbeit oder Ihre Beziehung machen? Werden Sie erneut einige Sekunden lang des Eu-Gefühls gewahr. Nehmen Sie wahr, dass Sie sich heil und ganz fühlen, ja, vollständig. Eigentlich fehlt es Ihnen an nichts. Wie Sie sehen, repariert Ihr Leben sich bereits von allein. Und auf welche Weise geschieht dies? Nun – vollkommen mühelos, natürlich und mit großer Leichtigkeit. Wenn Sie nur das lernen würden, die Wahrnehmung des Eu-Gefühls, würden Sie im Laufe der Zeit vollkommen erblühen, so wie jeder von uns es sollte.

Wenn Sie beim Öffnen der Augen nicht unmittelbar des Eu-Gefühls gewahr sind, schließen Sie sie erneut und wiederholen Sie die Eu-Gefühl-Technik. Innerhalb relativ kurzer Zeit, meist bereits nach wenigen Tagen, werden Sie das Eu-Gefühl jederzeit und überall erkennen. Bis Sie die Eu-Stille-Technik erlernen, empfehle ich Ihnen, dreimal am Tag für rund 4 bis 5 Minuten die Eu-Gefühl-Technik zu praktizieren. Am besten eignen sich dafür der frühe Morgen, die Zeit unmittelbar vor dem Schlafengehen und eine weitere Tageszeit, also etwa um die Mittagszeit oder wenn Sie von der Arbeit nach Hause kommen. Im Grunde genommen können Sie sie einsetzen, wann immer Sie daran denken. Machen Sie kurz Pause und werden Sie Ihres Eu-Gefühls gewahr. Sie können dabei Auto fahren, sich unterhalten, arbeiten, kochen ... Halten Sie kurz inne (1 bis 2 Sekunden, auf Wunsch auch länger), um des Eu-Gefühls gewahr zu werden. Dann fahren Sie einfach mit dem fort, was Sie gerade getan haben.

Sie schaffen mit dieser simplen Übung die Grundlage für ein Leben jenseits Ihrer Vorstellungskraft. Irgendwann in nicht allzu ferner Zukunft wird Ihnen plötzlich bewusst werden, dass Ihr Leben müheloser, reicher, bedeutungsvoller und freudiger ist als zuvor. Sie erlernen gerade eine neue Fertigkeit. Sie bringen Ihrem Verstand bei, auf einer ruhigeren, besser organisierten und gleichzeitig dynamischeren Ebene zu funktionieren. Gehen Sie das Ganze mit spielerischer Entdeckungsfreude an. Und denken Sie daran: Wenn es weder leicht ist noch Spaß macht, dann sind Sie ins normale Alltagsbewusstsein zurückgerutscht. Aber dagegen gibt es ein einfaches Mittel – werden Sie erneut des Eu-Gefühls gewahr!

Kurzfassung:
Die Eu-Gefühl-Technik

- Setzen Sie sich mit geschlossenen Augen bequem hin und lassen Sie die Gedanken schweifen.
- Beobachten Sie Ihre Gedanken so, als würden Sie einen Film sehen.
- Schauen Sie nun in den Raum zwischen Ihren Gedanken und darüber hinaus, und werden Sie des Nichts gewahr.
- Wenn wieder Gedanken auftauchen, schauen Sie erneut entspannt über sie hinaus, um wieder ins Nichts zu finden (1 bis 3 Minuten).
- Werden Sie sich nun des guten Gefühls bewusst, Ihres Eu-Gefühls – Stille, Frieden, Freude, Leichtigkeit ...
- Beobachten Sie Ihr Eu-Gefühl mit klarer und einfacher Absichtslosigkeit. Es wird stärker werden oder sich in ein anderes Eu-Gefühl verwandeln, oder es werden neue Gedanken aufkommen.
- Was auch immer geschieht, beobachten Sie es einfach ohne einzugreifen (3 bis 4 Minuten).
- Öffnen Sie dann die Augen und bewegen Sie sich durch den Raum. Nutzen Sie all Ihre Sinne, um Ihre Umgebung zu erkunden, und seien Sie dabei des Eu-Gefühls gewahr.
- Wenn Ihnen bewusst wird, dass Ihnen das Eu-Gefühl entgleitet, suchen Sie einfach wieder nach dem Gefühl des Wohlbefindens, dem guten Gefühl. Schließen Sie, wenn nötig, die Augen. Beobachten Sie das Eu-Gefühl für eine Weile und fahren Sie dann damit fort, andere Objekte zu erkunden.

Kernpunkte

- Der Weg zum Eu-Gefühl führt über das Wahrnehmen der reinen Bewusstheit.
- Das Eu-Gefühl ist grenzenlos. Es ist immer vorhanden, auch wenn Sie es nicht wahrnehmen.
- Wenn Sie des Eu-Gefühls gewahr sind, fehlt es Ihnen an nichts.
- Praktizieren Sie dreimal täglich für rund 5 Minuten die Eu-Gefühl-Technik.
- In relativ kurzer Zeit, meist innerhalb weniger Tage, werden Sie das Eu-Gefühl jederzeit und überall erkennen.

Kapitel 5
Die Eu-Stille-Technik

Einfachheit ist die höchste Stufe der Vollendung.
Leonardo da Vinci

Jetzt geht es los mit den richtig guten Sachen! Denn gleich werden Sie die Eu-Stille-Technik kennenlernen. Das Geniale an ihr ist, dass sie nahezu ohne Anstrengung zur Eu-Stille führt – einer Wahrnehmung, die so tief greifend und durchdringend ist, dass sie schon im Moment des ersten Kontakts die Grundfesten Ihres Lebens neu ordnet und stabilisiert. Gleichzeitig ist die Eu-Stille nichts, das außerhalb Ihrer selbst liegt. Wenn Sie der Eu-Stille gewahr sind, bedeutet dies, dass Sie sich selbst in vollkommener Harmonie wahrnehmen. Stress und gesundheitliche Probleme, Missverständnisse und Kränkungen, verpasste Chancen und nahestehende Personen, die wir vermissen – all dies schwächt und destabilisiert Körper und Geist, sodass wir häufig beginnen zu glauben, die gesamte Welt sei gegen uns und wir müssten uns gegen den nächsten Schlag wappnen. Eu-Stille ist wie ein lindernder Balsam für jede Verletzung, die Sie in Ihrem Leben erlitten haben.

Wie Sie sich erinnern, haben wir bereits festgestellt, dass Körper und Geist unmittelbar auf alles von Ihnen Wahrgenommene reagieren. Die Wahrnehmung der Eu-Stille ist die Wahrnehmung vollkommener Harmonie, und diese Perfektion spiegelt sich unmittelbar in Körper und Geist wieder. Und das bilden Sie sich keineswegs nur ein. Es ist sehr real und Sie werden es gleich erkennen. Diese wunderbare Wahrnehmung wurde einfach nur vor Ihnen verborgen – unter unzähligen Schichten von fehlgeleiteten Ideen und Sorgenbergen, die sich im Laufe der Jahre angesammelt haben. Ein einziger Moment, in dem Sie die Eu-Stille wahrnehmen, kann den Überdruss und die Sorgen eines ganzen Lebens wegwaschen. Und wenn Sie die Technik regelmäßig anwenden, wird dies Folgen für Ihr Leben haben, die Sie überraschen und begeistern werden.

Denn genau das ist die Wirkung, die die Eu-Stille hat: Sie repariert Dinge, von denen Sie nicht einmal wussten, dass sie nicht heil waren. Es ist wie mit einem Chauffeur, der zugleich Automechaniker ist. Er fährt Sie durch die Gegend und wenn irgendetwas nicht funktioniert, hält er kurz an und behebt das Problem. Ich weiß, ich weiß, ich habe schon bessere Vergleiche gezogen, aber ich denke, Sie wissen nun, wohin die Fahrt geht. (Ja, das war ein Wortspiel und wenn Sie jetzt mit den Augen rollen, schicke ich Sie zurück zu Kapitel eins und Sie dürfen noch einmal von vorne anfangen!)

Bevor wir uns mit der Eu-Stille-Technik befassen können, müssen Sie mit dem Eu-Gefühl vertraut sein. Sie können die Eu-Stille nur erleben, wenn Sie zuvor das Eu-Gefühl kennengelernt haben. Wie Sie bereits wissen, ist das Eu-Gefühl ständig überall präsent, also können Sie es auch jederzeit und überall wahrnehmen. Beim Gedanken „Ist das Eu-Gefühl da?", sollte Ihr Gewahrsein es mühelos finden können. Es ist so ähnlich wie beim Kühlschrankmotor. Wenn er funktioniert, schenken wir ihm keine Aufmerksamkeit, ja, wir hören ihn meist nicht einmal. Fragen wir uns aber bewusst, ob der Kühlschrankmotor gerade läuft, wandert unser Bewusstsein mühelos zum Kühlschrank und wir hören das Geräusch. Zu Beginn müssen Sie vielleicht kurz die Augen schließen, um des Eu-Gefühls gewahr zu werden, aber wenn Sie die Technik öfter einsetzen, werden Sie feststellen, dass das Eu-Gefühl immer da ist, wenn Sie daran denken – ob mit offenen oder geschlossenen Augen.

Wenn Sie also mit dem Eu-Gefühl noch nicht so vertraut sind, gehen Sie einfach noch einmal zurück zum vorherigen Kapitel und üben die Eu-Gefühl-Technik so lange, bis sie Ihnen in Fleisch und Blut übergegangen ist. Vielleicht dauert es ein paar Tage oder Wochen. Aber wir haben ja keine Eile. Und außerdem macht die Eu-Gefühl-Technik Spaß und ein paar Extratage Spaß haben noch niemandem geschadet. Oder wie Maharishi, ein alter Lehrer von mir, immer sagte: „Gut begonnen ist halb gewonnen."

Sie denken, Sie sind soweit? Nun gut, auf geht's! Wenn Sie und Ihr Eu-Gefühl inzwischen gut Freund miteinander sind, dann ist es jetzt an der Zeit, die Eu-Stille-Technik zu lernen. Suchen Sie sich einen ruhigen Platz, wo Sie in den nächsten rund 20 Minuten nicht gestört werden und setzen Sie sich bequem hin. Sie können die Anleitung einige Male durchlesen und die Anweisungen dann aus dem Gedächtnis befolgen. Ich empfehle dies nur für den Fall, dass es keine andere Möglichkeit gibt, denn der Text ist relativ lang. Wenn möglich sollten Sie die Anweisungen vorher aufnehmen und dann abspielen oder jemanden bitten, sie Ihnen vorzulesen. Legen Sie dabei, sofern nicht anders angegeben, nach jedem Satz eine 4 bis 5 Sekunden lange Pause ein. Die ersten beiden Teile der Anleitung kennen Sie bereits. Sie dienen dazu, Sie auf das Wahrnehmen der Eu-Stille vorzubereiten. Bereit? Dann geht es los …

Die Eu-Stille-Technik
Setzen Sie sich bequem hin, schließen Sie die Augen und beobachten Sie einfach, wie die Gedanken kommen und gehen. Nehmen Sie dann wahr, was Sie gerade denken. Beobachten Sie, wie Ihre Gedanken über die Leinwand Ihres Geistes flimmern. Der Inhalt ist überhaupt nicht

5. Die Eu-Stille-Technik

entscheidend. Machen Sie sich einfach bewusst, dass Gedanken vorhanden sind. Nehmen Sie wahr, dass sich jenseits Ihrer Gedanken ein Raum befindet, der nichts enthält. Lassen Sie Ihr Gewahrsein in den Raum jenseits Ihrer Gedanken wandern.

Während Sie des Raums gewahr sind, kehren die Gedanken manchmal zurück. Wenn Sie bemerken, dass Sie den Gedanken Beachtung schenken, dann verlagern Sie Ihr Gewahrsein einfach zurück in den Raum. Kämpfen Sie nicht gegen die Gedanken an und versuchen Sie nicht, Ihr Gewahrsein krampfhaft im Raum zu halten. Das ist nicht nötig. Richten Sie einfach nur, wenn Sie feststellen, dass Sie Gedanken nachhängen, Ihr Gewahrsein ganz entspannt wieder auf den Raum. Tun Sie dies 2 bis 3 Minuten lang …

Nehmen Sie nun wahr, wie Sie sich fühlen. Sie werden ein Wohlgefühl wahrnehmen, sich gut fühlen. Vielleicht verspüren Sie Leichtigkeit oder Weite, ein Gefühl von Stille oder Frieden. Vielleicht verspüren Sie sogar Freude oder Liebe oder Glückseligkeit. Manchmal ist da auch nur reines Gewahrsein, ohne dass ein Gefühl damit verbunden ist. Sie könnten sagen: „Ich fühle nichts." Das ist vollkommen in Ordnung. Dann ist reines Gewahrsein oder Nichts Ihr Eu-Gefühl. Es ist nicht wichtig, welches Eu-Gefühl Sie gerade wahrgenommen haben. Dieses gute Gefühl, dieser Frieden, diese Leichtigkeit, diese Freude oder Fülle oder eben auch diese Wahrnehmung des Nichts – all das ist Ihr Eu-Gefühl.

Achten Sie auf Ihr Eu-Gefühl. Es wird sich verändern. Beobachten Sie es, um zu sehen, auf welche Weise es sich verändert. Das Eu-Gefühl kann stärker werden oder sehr ruhig, es kann sich in ein anderes Eu-Gefühl verwandeln, es kann sich ganz und gar auflösen, sodass Sie im reinen Gewahrsein sind, oder Gedanken können seinen Platz einnehmen. Wenn Sie bemerken, dass Gedanken vorhanden sind, lassen Sie Ihr Gewahrsein einfach sanft zum Eu-Gefühl zurückkehren. Fahren Sie 2 bis 3 Minuten lang damit fort, Ihr Eu-Gefühl ganz entspannt zu beobachten ...

Werden Sie nun des Eu-Gefühls gewahr, das Sie gerade wahrnehmen: Stille, Frieden, Freude, Glückseligkeit, Leichtigkeit, Grenzenlosigkeit, Mitgefühl, Ehrfurcht, Nichts ... Schenken Sie dem Eu-Gefühl Ihre gesamte Aufmerksamkeit. Beobachten Sie es mit einer klaren, entspannten Wachsamkeit, wie eine Katze, die ein Mauseloch beobachtet. Schauen Sie in Ihr Eu-Gefühl hinein, als wäre es ein Mauseloch, um zu sehen, was sich darin befindet. Während Sie aufmerksam ins Eu-Gefühl blicken, wird es beginnen sich aufzulösen oder sich wie ein leichter Nebel in der Morgensonne zerstreuen. Schauen Sie in Ihr Eu-Gefühl, während es sich auflöst, um zu sehen, was sich dort befindet. Wenn das Eu-Gefühl sich aufgelöst hat, dann herrscht dort, wo es zuvor war, nur bewegungslose Stille. Werden Sie der Stille gewahr.

Wenn in der Stille Gedanken auftauchen, kehren Sie mit Ihrer Aufmerksamkeit entspannt zur Stille zurück. Falls Sie nicht gleich zur Stille zurückfinden, werden Sie des Eu-Gefühls gewahr. Wenn Sie erneut in Ihr Eu-Gefühl hineinschauen, wird die Stille dort schon auf Sie warten. Verweilen Sie einfach für 2 bis 3 Minuten in der Stille.

Werden Sie der Stille nun klar und entspannt gewahr. Beobachten Sie die Stille wie eine Katze ein Mauseloch beobachtet. Schauen Sie in die Stille, als ob sie ein Mauseloch wäre und Sie herausfinden wollten, was sich darin befindet. Wenn Sie aufmerksam in die Stille schauen, entdecken Sie eine noch tiefere Stille. Blicken Sie mit Klarheit in die tiefere Stille, und Sie werden eine noch tiefere entdecken. Wenn in Ihrem Gewahrsein Gedanken

auftauchen oder ein Eu-Gefühl, dann kehren Sie einfach wieder zur Stille zurück und von dort zur tieferen Stille. Machen Sie dies rund zwei Minuten lang …
Werden Sie entspannt und aufmerksam der Stille gewahr. Werden Sie Ihres gesamten Körpers gewahr. Nehmen Sie nun die Stille in Ihrem Körper wahr. Nehmen Sie Ihren Kopf und die Stille wahr. Nehmen Sie Ihren Brustkorb und die Stille wahr. Nehmen Sie Ihre Arme und Beine und die Stille wahr. Gehen Sie in andere Teile Ihres Körpers und werden Sie der Stille in ihnen gewahr. Nehmen Sie sich dafür rund eine Minute Zeit …
Werden Sie nun erneut der Stille in Ihrem Geist gewahr. Schauen Sie in diese Stille, um eine noch größere Stille zu finden. Öffnen Sie nach 10 bis 15 Sekunden langsam die Augen. Werden Sie mit offenen Augen Ihres gesamten Körpers und der Stille gewahr. Schauen Sie auf ein Objekt vor Ihnen und werden Sie der Stille gewahr. Blicken Sie auf das nächste Objekt und werden Sie der Stille gewahr. Werden Sie zur gleichen Zeit des leeren Raums im Zimmer, aller Objekte und der Stille gewahr.
Stehen Sie entspannt auf und werden Sie der Stille gewahr. Erkunden Sie Ihre Umgebung unter Einsatz all Ihrer Sinne. Berühren Sie einen Stuhl oder die Wand und werden Sie der Stille gewahr. Schnuppern Sie aus der Stille heraus die Luft. Betrachten Sie etwas Buntes und die Stille, dann etwas Unauffälliges und die Stille. Schmecken Sie etwas und seien Sie der Stille gewahr. Halten Sie nun Ihre Hand vor sich, die Handinnenfläche zeigt zu Ihnen. Schauen Sie auf Ihre Hand und spüren Sie Ihre Hand und seien Sie zugleich der Stille gewahr. Werden Sie des Raums zwischen Ihrer Hand und Ihren Augen und der Stille gewahr, die in diesem Raum herrscht. Werden Sie des Raums zwischen Ihnen und Ihrer Hand, seitlich von Ihrer Hand und hinter Ihrer

Hand gewahr und dann gleichzeitig der Stille in diesem Raum und der Hand. Werden Sie des von Wänden umgebenen Raums gewahr, in dem Sie stehen und des Raums darin und der Stille in allem. Sehen Sie vor Ihrem geistigen Auge, wie die Erde im schwarzen All schwebt, und werden Sie der bewegungslosen Stille der Erde und des Weltraums gewahr. Sehen Sie die gesamte Schöpfung, alles jemals Erschaffene, enthalten in einem einzigen glitzernden kosmischen Ei, das in der unbegrenzten Weite des Alls schwebt, und werden Sie der Stille in jedem erschaffenen Ding und in dem unbegrenzten Raum dahinter gewahr.

Kehren Sie zu Ihrer Sitzgelegenheit zurück und bleiben Sie mit geschlossenen Augen rund eine Minute lang still sitzen ... Kehren Sie mit Ihrem Gewahrsein zur Stille zurück. Schauen Sie aufmerksam in die Stille, bis Sie eine zunehmend tiefere Stille finden. Diese absolute Stille, die Sie nun wahrnehmen, nenne ich Eu-Stille. Suchen Sie nun im Gewahrsein der Eu-Stille nach einem Widerhall des Eu-Gefühls. Es wird da sein, in Form eines sanften Impulses von Freude, Wonne, Mitgefühl, Glückseligkeit, Frieden oder Liebe, in Form eines sanften Wohlgefühls. Wie ein Blatt auf einem ruhigen Teich treibt Ihr Eu-Gefühl an der Oberfläche der Eu-Stille und erzeugt aus sich heraus kleine Wellen – Wellen aus Euphorie, Freude, Freundlichkeit oder Harmonie, die sich in Ihrem Geist, Ihrem Körper, dem Raum, der Erde und der gesamten Schöpfung ausbreiten.

Sitzen Sie einfach da und seien Sie so lange Sie mögen ganz entspannt dieses sanften, alles durchdringenden Impulses von Vollständigkeit gewahr ...

Lassen Sie Ihre Gedanken dann wandern wohin sie wollen. Nehmen Sie sich 20 bis 30 Sekunden Zeit, oder auch länger, wenn Sie mögen, und öffnen Sie dann langsam

> die Augen. Achten Sie darauf, wie Sie sich körperlich und geistig fühlen. Was fühlt sich anders an? Blicken Sie entspannt um sich. Wie hat sich Ihre Wahrnehmung verändert? Wie fühlen Sie sich damit? Werden Sie schließlich der Eu-Stille gewahr und finden Sie dann das Eu-Gefühl in dieser Stille … Und genießen Sie es.

Herzlichen Glückwunsch! Sie sind nun in der Lage, die Eu-Stille wahrzunehmen – und somit einer von einem halben Perzentil Menschen, die auf unserem blauen Planeten leben. Willkommen an Bord! Ich empfehle Ihnen, statt der Eu-Gefühl-Technik, die Sie bislang angewendet haben, von nun an die Eu-Stille-Technik zu praktizieren. Beginnen Sie mit fünf Minuten oder mehr am Morgen, vor dem Schlafengehen und ungefähr in der Mitte des Tages. Werden Sie der Eu-Stille gewahr, wann immer Sie daran denken. Sie können ihrer überall gewahr werden – in Ihrem Geist, in Ihrem gesamten Körper oder einem Teil davon, in Ihrer gesamten Umgebung oder einem Teil davon, in einem Buch oder einem Baum. Es reicht aus, wenn Sie der Eu-Stille nur zwei bis drei Sekunden gewahr werden, aber Sie können natürlich auch mehr Zeit darin verbringen. Das Ziel ist, der Eu-Stille auf möglichst viele verschiedene Weisen gewahr zu werden, und zwar immer dann, wenn Sie daran denken. Zu Beginn müssen Sie sich vielleicht bewusst daran erinnern, aber es wird die kleine Mühe wert sein. Das tatsächliche Wahrnehmen der Eu-Stille erfolgt absolut mühelos.

Die Wahrnehmung der Eu-Stille lässt sich nicht erzwingen. Das wäre so, als würde man sich anstrengen, um nichts zu tun. Erinnern Sie sich an unser Beispiel mit dem Pfeil und dem Bogen? Sobald der Bogen gespannt und der Pfeil auf das Ziel ausgerichtet ist, bringt jede weitere Handlung den Pfeil nur von seiner idealen Bahn ab. Bemühen bedeutet, etwas zu tun. Eu-Stille bedeutet, nichts zu sein. Nachdem Sie der Eu-Stille gewahr sind, können Sie dann mit dem „Tun" beginnen und alles machen, was Sie auch normalerweise ohne die Eu-Stille tun würden. Nur macht das Tun jetzt mehr Spaß und es wird Ihnen mehr Erfüllung und Erfolg bescheren.

Vielleicht denken Sie jetzt, dass die Eu-Stille ganz schön bemerkenswert ist. Wenn ich ihrer gewahr bin, fühle ich mich stabil und erfüllt, so als wäre ich ein Teil der Natur und des großen Ganzen zugleich. Mein Körper ist zutiefst entspannt und mein Geist im Frieden. Eu-Stille ist zweifellos eine tief gehende Wahrnehmung – aber was machen wir nun damit?

Nun, viele Menschen haben sich ihr Leben lang isoliert gefühlt. Vielleicht gehören Sie ja auch dazu. Man hat das Gefühl, anders zu sein als die anderen, kann wenig mit dem anfangen, was im Leben anderer Menschen große Bedeutung hat. Auch wenn es durchaus Zeiten gibt, in denen man sich wohlfühlt, so hat man doch die meiste Zeit den Eindruck, nicht in diese Welt zu passen – wie ein Quadrat, das durch eine runde Öffnung gezwängt wird. Diese Menschen müssen sich arrangieren und einen Teil ihrer selbst aufgeben, um gesellschaftlich akzeptabel zu sein. Sie müssen sich auf eine Weise anpassen, die nicht ihrer Natur entspricht.

Diese einsamen Seelen – und ich bin mir sicher, dass ich hier über einen Großteil der Menschheit spreche –, sind sogar sich selbst entfremdet. Es frustriert sie, dass die Kommunikation mit ihrem inneren Selbst, die mühelos und aufbauend sein sollte, zusammenhanglos und enttäuschend verläuft. Sie sind von ihrem eigenen Innenleben abgeschnitten.

Wenn Sie der Eu-Stille gewahr werden, durchbrechen Sie die Illusion der Getrenntheit. Wenn Sie die Stille wahrnehmen, die alles Lebendige umgibt und durchdringt, dann beginnen Sie zu verstehen, dass alles aus derselben Quelle stammt. Ich rede hier nicht von versponnenen Philosophien oder starren Glaubenssystemen, sondern von der tatsächlichen Wahrnehmung, dass wir im Wesentlichen alle eins sind. Wie Sie selbst feststellen werden, fördert das Öffnen des Bewusstseins für die Wahrnehmung der Eu-Stille ein tiefes Gefühl der Verbundenheit mit sich selbst und allem, was Sie umgibt. Sie beginnen zu verstehen, dass Sie genau am richtigen Platz sind – und das fühlt sich unglaublich gut an.

Einige haben Eu-Stille als das ultimative Erleben der Einheit bezeichnet, das alle inneren Differenzen auflöst. Wenn Sie Eu-Stille wahrnehmen, ist Ihr Pfeil vollkommen gespannt und würde, sich selbst überlassen, im Laufe der Zeit bei Ihren weltlichen Zielen häufiger und genauer ins Schwarze treffen als dies bislang der Fall ist. Anders gesagt: Allein dadurch, dass Sie der Eu-Stille gewahr sind, erhalten Sie vom Leben das, was Sie benötigen. Sie müssen weniger arbeiten oder nichts tun und sind erfolgreicher. Das würden Sie erreichen, wenn Sie das Buch jetzt ins Regal stellten und nichts weiter täten, als täglich in die Eu-Stille zu gehen. Aber warum sollten Sie das tun? Sie haben das Buch ja schließlich noch nicht zu Ende gelesen. Und ich habe noch einiges mehr in petto. Nun, da Sie die Eu-Stille selbst erlebt haben, werde ich Ihnen zeigen, wie Sie sie „einsetzen" können, um sinnvollere Ziele zu setzen, öfter ins Schwarze zu treffen und mehr Spaß im Leben zu haben.

Wie wäre es zum Beispiel mit dem Thema Heilung? Wären Sie gerne in der Lage, die Heilung bei allen Arten von körperlichen Gebrechen zu fördern – von verstauchten Knöcheln und Arthritis über Verstopfung und Bluthochdruck bis hin zu schweren und langwierigen Gebrechen wie chronische Müdigkeit, Diabetes und sogar Krebs? Sie können körperliche Probleme bei sich selbst, bei anderen Menschen und sogar bei Ihren Haustieren auf tief gehende Weise positiv beeinflussen. Das Beste daran ist, dass die heilsame Wirkung bereits in dem Moment beginnt, in dem Sie der Eu-Stille gewahr werden.

Aber das ist noch nicht alles. Was Sie auf körperliche Schmerzen und Beschwerden anwenden können, wirkt auch auf emotionaler Ebene. Nehmen wir beispielsweise das Thema

Beziehungen. Läuft in Ihrer Beziehung alles optimal? Um zu verstehen, wie wir die Wirkung der Eu-Stille hier einsetzen, werden wir uns die Theorie der Transformation ansehen, damit Sie herausfinden können, wo Sie sich befinden, was das angepeilte Ziel ist und wie Sie dorthin gelangen. Ich werde Ihnen sogar beibringen, wie Sie in der Eu-Stille eine Entscheidung treffen. Und wie sieht es mit Ihrem spirituellen Leben aus? Vielleicht ist es Ihnen noch nicht bewusst, aber das Gewahrsein der Eu-Stille kleidet Sie in das feinste spirituelle Festgewand, gesponnen aus dem Faden universeller Liebe. Bevor unsere gemeinsame Reise zu Ende ist, werden wir uns anschauen, was universelle Liebe ist und dann gemeinsam – denn nur so funktioniert diese Art der Liebe –, unser Bewusstsein dafür öffnen und zulassen, dass die universelle Liebe um uns und durch uns strömt.

Zusammenfassung
Die Eu-Stille-Technik

- Praktizieren Sie die Nichts-Technik (1 Minute).
- Praktizieren Sie dann die Eu-Gefühl-Technik (1 bis 3 Minuten).
- Beobachten Sie wach und entspannt Ihr Eu-Gefühl.
- Beobachten Sie, wie sich Ihr Eu-Gefühl in absolute Stille auflöst (Eu-Stille).
- Werden Sie der Eu-Stille gewahr (1 bis 3 Minuten).
- Wenn Gedanken kommen, werden Sie einfach wieder entspannt der Eu-Stille gewahr.
- Schauen Sie in die Eu-Stille, um noch tiefere Stille zu finden (1 bis 2 Minuten).
- Werden Sie Ihres gesamten Körpers / einzelner Körperteile und der Eu-Stille gewahr (1 Minute).
- Kehren Sie zur Eu-Stille zurück, öffnen Sie die Augen und werden Sie des Raums / einzelner Objekte gewahr und der Eu-Stille.

- Gehen Sie im Gewahrsein der Eu-Stille durch den Raum und setzen Sie all Ihre Sinne ein.
- Werden Sie der gesamten Schöpfung und allem darüber hinaus und der Eu-Stille gewahr.
- Setzen Sie sich wieder und verweilen Sie mit geschlossenen Augen in der Eu-Stille (1 Minute).
- Entdecken Sie, wie Ihr Eu-Gefühl auf der Oberfläche der Eu-Stille treibt.
- Öffnen Sie langsam die Augen. Wie fühlen Sie sich? Inwiefern hat sich Ihre Wahrnehmung verändert?
- Werden Sie der Eu-Stille gewahr, finden Sie Ihr Eu-Gefühl und genießen Sie es!

Kernpunkte

- Die Wahrnehmung der Eu-Stille ist die Wahrnehmung Ihrer selbst in vollkommener Harmonie.
- Am einfachsten finden Sie die Eu-Stille über das Eu-Gefühl.
- Zum Aufbau von Eu-Stille nehmen Sie sie auf so viele Arten wie möglich wahr.
- Sie können die Wahrnehmung von Eu-Stille nicht erzwingen.
- Wenn Sie der Eu-Stille gewahr werden, durchbrechen Sie die Illusion der Getrenntheit.
- Einige haben Eu-Stille als die ultimative Wahrnehmung der Einheit bezeichnet, die im Einssein alle Unterschiede verschwinden lässt.

Kapitel 6

Die Stopp-Technik

„Wenn man das Unmögliche ausgeschlossen hat, muss das, was übrig bleibt, die Wahrheit sein, so unwahrscheinlich sie auch klingen mag."
Sherlock Holmes von Sir Arthur Conan Doyle

Sie sind soeben dabei, eine neue Fähigkeit zu erlernen. Die Eu-Stille-Technik ist eine nahezu mühelose Form der Wahrnehmung, die Ihre Sicht der Welt erweitert und stabilisiert. Und es ist eine natürliche Technik, denn Sie wurden mit allem geboren, was Sie für ihren Einsatz benötigen. Aber genauso wie Sie von Geburt an mit allem ausgestattet sind, was Sie benötigen, um ein Gespräch mit Ihrem Nachbarn zu führen, so mussten Sie vorher dennoch sprechen lernen, nicht wahr? Die gute Nachricht ist, dass der Einsatz der Eu-Stille-Technik im Alltagsleben recht leicht zu erlernen ist, zumindest leichter als Sprechen lernen, und außerdem noch Spaß macht.

Wenn Sie an diesem Punkt in Ihrem Leben mit jemandem sprechen, müssen Sie nicht mehr darüber nachdenken, wie man Silben formt oder was Zähne, Lippen und Zunge machen müssen, damit ein bestimmter Laut entsteht. Sie haben einen Gedanken, und die Worte fließen aus Ihrem Mund wie Rosenblätter beim Prämierungstag einer Blumenshow. Naja, Sie wissen schon, was ich meine. Sprache ist natürlich, aber ihr Erlernen bedurfte einiger Zeit der Übung. Und weil Sie gelernt und geübt haben, verfügen Sie nun über eines der bedeutendsten Werkzeuge der Welt. Eu-Stille ist ebenso natürlich, aber auch ihr Erlernen bedarf der Übung. Wenn Sie diese Zeit investieren, verfügen Sie über die bedeutendste Wahrnehmungsfähigkeit, die dem menschlichen Bewusstsein offen steht. Mit diesem Gedanken im Hinterkopf möchte ich Ihnen nun die Stopp-Technik vorstellen. Sie gibt Ihnen die Grundlagen für das Eu-Stille-Gewahrsein an die Hand.

Die Stopp-Technik

Werden Sie, bevor Sie beginnen, ein paar Sekunden oder länger der Eu-Stille gewahr. Halten Sie Ihre Hand auf Augenhöhe vor sich hin. Die Handinnenfläche zeigt dabei von Ihnen weg, genau wie bei einem Polizisten, der die Hand hebt, um den Verkehr zu stoppen.

Schauen Sie auf alles, was sich jenseits Ihrer Hand befindet. Wenn Sie sich in einem geschlossenen Raum aufhalten, sehen Sie vielleicht Möbel, Bücher, Krimskrams, Bilder und anderes. Nehmen Sie entspannt die Szene wahr, die hinter Ihrer Hand liegt.

Schließen Sie nun die Augen. Die Objekte werden für einen Moment weiterhin präsent sein. Werden Sie der Eu-Stille gewahr. Nehmen Sie die vollkommene Stille und Bewegungslosigkeit entspannt und klar wahr. Die Eu-Stille wird in Ihrem Gewahrsein schnell einen größeren Raum einnehmen als die Objekte. Das mentale Bild, das Sie von den Objekten im Raum haben, wird verschwimmen, während die Eu-Stille dominanter wird. Werden Sie nun der Objekte und der Eu-Stille zugleich gewahr. Sie werden vielleicht bemerken, dass die Objekte selbst aus Eu-Stille bestehen. Es ist so, als wäre Stille ihre eigentliche Essenz. Und genauso ist es auch.

Öffnen Sie nun die Augen und seien Sie der Eu-Stille

gewahr. Machen Sie erneut mit Ihrer Hand das Stopp-Signal und werden Sie wieder der Objekte im Raum gewahr. Werden Sie der Stille gewahr, die in den Objekten herrscht. Wie in Ihrem Kopf bestehen auch die Objekte in Wirklichkeit aus Eu-Stille. Fahren Sie fort, die Eu-Stille in den Objekten zu beobachten, und richten Sie Ihre Aufmerksamkeit stärker auf die Stille. Schon bald wird die Eu-Stille in Ihrem Bewusstsein mehr Raum einnehmen als die Objekte. Sie scheinen zunehmend zu verblassen, wenn die Stille zunimmt. Diese Wahrnehmung mag nicht sofort auftreten, aber wenn Sie die Technik mit offenen Augen üben, werde Sie die Eu-Stille mehr und mehr um sich herum entdecken. Aber wir sind noch nicht fertig.

Im Moment sind Ihre Augen geöffnet und Ihre Hand ausgestreckt, während Sie der Eu-Stille in den Objekten im Raum gewahr sind. Werden Sie nun der Eu-Stille in Ihrem gesamten Körper gewahr. Wenn Sie Ihre Wahrnehmung dergestalt verlagern, verspüren Sie eventuell ein angenehmes Gefühl (Eu-Gefühl) im ganzen Körper. Genießen Sie das angenehme Gefühl, aber richten Sie Ihre Wahrnehmung vor allem auf die Eu-Stille in Ihrem Körper.

Werden Sie nun gleichzeitig der Objekte im Raum und der Eu-Stille in Ihrem Körper gewahr. Lassen Sie erneut zu, dass Ihr Gewahrsein klar und entspannt auf das Eu-Gefühl gerichtet ist, bis es mehr Raum einnimmt als Ihr Körper oder die Objekte im Raum.

Werden Sie nun Ihres Körpers gewahr, der Objekte im Raum und des Raums zwischen Ihrem Körper und den Objekten. Werden Sie der Eu-Stille in diesem Raum gewahr. Nehmen Sie dann entspannt aber aufmerksam das Eu-Gefühl in Ihrem Körper, den Objekten und dem Raum dazwischen wahr. Grundsätzlich nehmen Sie also

> zuerst die Eu-Stille wahr und anschließend das Eu-Gefühl.
> Werden Sie zum Abschluss der Eu-Stille in Ihnen, vor Ihnen und überall um Sie herum gewahr. Gehen Sie nun mit Ihren Gedanken hinaus in den Weltraum, der unsere Erde, unsere Galaxis und die gesamte Schöpfung umschließt. Nehmen Sie wahr, dass alles von Eu-Stille gehalten und durchdrungen wird. Gehen Sie dann gedanklich hinab auf immer kleinere Ebenen der Existenz. Nehmen Sie wahr, dass Moleküle aus Atomen bestehen und Atome aus subatomaren Teilchen und subatomare Teilchen aus Wellen. Auch auf mikroskopischer Ebene wird alles von der Eu-Stille gehalten und durchdrungen.
> Kommen Sie dann mit Ihrer Aufmerksamkeit zurück in den Raum, in dem Eu-Stille in Ihnen ist und überall um Sie herum. Nehmen Sie diese Stille deutlich wahr. Nehmen Sie nun das Eu-Gefühl wahr, das durch die Stille scheint. Es kann sich um Frieden, Freude, Liebe, Wonne, Ekstase, Ehrfurcht oder eine andere Art von Eu-Gefühl handeln. Seien Sie einfach ganz entspannt des Eu-Gefühls gewahr und genießen Sie es …

Die Stopp-Technik soll Ihr Bewusstsein dafür wecken, dass Eu-Stille nicht nur jederzeit und überall ist, sondern tatsächlich die Essenz jedes Objekts, jedes Gedankens und jeder Emotion ausmacht. Sie gibt Ihnen die Möglichkeit zu erkennen, wie das Eu-Gefühl durch die Eu-Stille hindurchscheint. Der Wert dieser Wahrnehmung ist unbezahlbar. Sie katapultiert uns über unsere begrenzte Alltagsexistenz hinaus und öffnet unser Gewahrsein für bislang unvorstellbare Möglichkeiten.

So lässt uns die Eu-Stille beispielsweise unmittelbar wahrnehmen, dass alle Dinge gleich sind. Sie haben sicher schon einmal gehört, dass wir im Grunde genommen alle eins sind. Aber was bedeutet das? Schauen Sie sich andere Menschen an. Sehen sie nicht alle anders aus? Wo ist die Einheit? Dass wir alle eins sind, ist ein wunderbares Konzept, aber ohne direkt zu erfahren, was das bedeutet, bleibt es eine realitätsferne philosophische Idee mit wenig praktischem Nutzen. All das ändert sich nun dank der Wahrnehmung der Eu-Stille, denn sie erlaubt uns nicht nur die unmittelbare Erfahrung der Gleichheit zweier Personen, sondern wir erkennen auch, dass alles gleich ist: Bäume, Bienen, Eisenbahnschienen, um nur einige Beispiele zu nennen.

Nun könnten Sie mich natürlich fragen, worin der Wert dessen liegt, dass man die Gleichheit in allem erkennt. Sehr gut! Sie sind offensichtlich ein aufmerksamer Leser und ich danke Ihnen dafür, dass Sie diese Frage gestellt haben. Wenn Sie wahrnehmen können, was Sie und eine andere Person oder Sache gemein haben, verlieren Sie die Angst vor dieser Person oder Sache. Oder etwa nicht? Wir neigen dazu, uns mit Dingen und Personen zu umgeben, die so sind wie wir. Wir fühlen uns dann wohl in unserer Haut und außerdem sicher. Erinnern Sie sich nun daran, wie es war, als Ihr Geist vollkommen in der Eu-Stille ruhte. Haben Sie sich nicht heil, vollständig und geborgen gefühlt? Gab es da Raum für Angst oder Wut? Es ist unmöglich, Eifersucht oder Rachelust zu fühlen, wenn Sie der Eu-Stille gewahr sind.

Ist das nicht erstaunlich? Und ich habe bislang nur an der Oberfläche dessen gekratzt, was Eu-Stille Ihnen ermöglichen kann! Was würden die Menschen auf dieser Welt darum geben, frei von Ängsten zu sein? Wie ironisch, dass das angstfreie Leben bereits in ihnen angelegt ist. Stellen Sie sich einmal vor, was geschähe, wenn die gesamte Weltbevölkerung einen Tag lang der Eu-Stille gewahr würde. Stellen Sie sich die Freude und Begeisterung vor, wenn die Menschheit herausfände, dass ein angstfreies Leben jedem problemlos offensteht, und zwar nicht erst in zwanzig Jahren, sondern sofort und unmittelbar. Meine Güte, wie viel Gutes würden wir ernten!

Sobald Sie die Stopp-Technik einmal verinnerlicht haben, werden Sie in der Lage sein, sie jederzeit und überall mit offenen Augen zu praktizieren. Ich habe das schon beim Friseur getan, im Fitnessstudio und als ich eine Extraportion Eiscreme aus dem Gefrierfach gemopst habe – von anderen interessanten Orten und Zeitpunkten einmal ganz abgesehen. Vergessen Sie vor allem eines nicht: Es soll Spaß machen! Zu Beginn werden Sie die Technik sicher an einem ruhigen Ort üben wollen, an dem Sie die Augen schließen können. Ich empfehle Ihnen, die Stopp-Technik mehrmals am Tag einzusetzen. Sie können sie beispielsweise auch an die Eu-Stille-Technik anhängen. Wenn es Ihnen schon gut gelingt, die Eu-Stille mit offenen Augen wahrzunehmen, können Sie den Zeitraum auch verkürzen. Mit ein wenig Übung werden Sie bald in der Lage sein, die Eu-Stille sofort in allem um Sie herum zu erkennen. Dann schnappen Sie sich einfach noch zusätzlich Ihr Eu-Gefühl und los geht's. Erforderlicher Zeitaufwand: etwa drei Sekunden. Experimentieren Sie, üben Sie häufiger und haben Sie Spaß dabei. Denn ohne Spaß funktioniert es nicht.

Zusammenfassung:
Die Stopp-Technik

- Nehmen Sie die Eu-Stille wahr.
- Machen Sie mit der Hand das Stopp-Zeichen.
- Werden Sie der Objekte gewahr, die sich jenseits Ihrer Hand befinden.
- Schließen Sie die Augen und werden Sie der Objekte in Ihrem Geist gewahr.
- Werden Sie der Eu-Stille gewahr, bis Sie sie stärker wahrnehmen als die Objekte.
- Werden Sie zugleich der Eu-Stille und der Objekte gewahr.

- Öffnen Sie im Gewahrsein der Eu-Stille die Augen.
- Werden Sie der Objekte gewahr, die sich jenseits Ihrer Hand befinden.
- Werden Sie der Eu-Stille gewahr, bis Sie sie stärker wahrnehmen als die Objekte.
- Werden Sie der Eu-Stille im gesamten Körper gewahr.
- Werden Sie der Eu-Stille im Körper und in den Objekten gewahr, bis die Eu-Stille überwiegt.
- Werden Sie der Eu-Stille im Körper, in den Objekten und im Raum dazwischen gewahr, bis die Eu-Stille überwiegt.
- Werden Sie der Eu-Stille in Ihnen und um Sie herum gewahr.
- Werden Sie der Eu-Stille auf allen Ebenen der Schöpfung gewahr.
- Werden Sie in der Eu-Stille Ihres Eu-Gefühls gewahr.

Kernpunkte

- Eu-Stille ist ganz natürlich, aber ihr Erlernen bedarf der Übung.
- Die Stopp-Technik gibt Ihnen die Grundlage für das Eu-Stille-Gewahrsein.
- Die Stopp-Technik soll Ihnen bewusst machen, dass Eu-Stille die Essenz jedes Objekts, jedes Gedankens und jedes Gefühls ist, und zwar jederzeit und überall.
- Im Gewahrsein der Eu-Stille ist es unmöglich, Angst oder Eifersucht zu empfinden oder Rachegedanken zu hegen.
- Mit ein wenig Übung werden Sie in der Lage sein, Eu-Stille augenblicklich in allem um Sie herum wahrzunehmen.

Kapitel 7

Heilungsfördernde Eu-Stille

Ich habe schon oft bereut, gesprochen, aber noch nie, geschwiegen zu haben.

Xenokrates (396-314 v. Chr.)

Stellen Sie sich vor, Sie spielen Tennis mit einer Freundin. Sie läuft nach vorn, um Ihren Stoppball zu erwischen, und knickt dabei mit dem Knöchel um. Mit einem Schmerzenslaut sackt sie zusammen und wirft Ihnen einen nicht gerade freundlichen Blick zu. Im Handumdrehen verfärbt sich der Knöchel, schwillt an und schmerzt. Sie umfassen ihn sanft mit den Händen und werden der Eu-Stille gewahr. Innerhalb von Minuten verschwinden Schwellung und Verfärbung und der Schmerz ist nur noch eine schlechte Erinnerung. Wären Sie gerne in der Lage, so etwas zu tun? Nun, Sie können es bereits!

Sobald Sie einmal verstanden haben, worum es beim Fördern von Heilung tatsächlich geht, werden Sie sich fragen, warum wir alle es nicht ständig tun. Werfen wir aber zunächst einmal einen Blick darauf, wie Heilung entsteht. Im nächsten Schritt lernen Sie dann, wie man die Heilung körperlicher und emotionaler Beschwerden unterstützen kann.

Ganz gleich, welches körperliche oder emotionale Leiden Sie plagt – Heilung ist nur in einem Zustand der Ruhe möglich. Was aber bedeutet „Ruhe" im Zusammenhang mit Heilung? Es bedeutet, alle Aktivitäten so weit einzustellen, dass an der verletzten Stelle eine Neuorganisation stattfinden kann. Schließlich ist eine Herzoperation auch nur dann möglich, wenn der Patient ruhig auf dem OP-Tisch liegen bleibt.

Lassen Sie uns zum besseren Verständnis dieses Prinzips noch einmal zu unserer Freundin mit dem verstauchten Knöchel zurückkehren. Würde sich ihr Knöchel von selbst reparieren, wenn sie mit dem Tennisspielen fortfahren würde? Natürlich nicht! Dauernde Aktivität am Verletzungspunkt würde all die natürlichen Prozesse behindern oder sinnlos machen, die gemeinsam an der Heilung arbeiten.

Man kann es so sehen: Heilung entsteht aus der Ruhe. Ruhe bedeutet weniger Aktivität. Weniger Aktivität bedeutet mehr Harmonie. Vollkommener Stillstand ist gleichbedeutend mit vollkommener Harmonie. Und nun ist es nur noch ein Schritt hin zur Erkenntnis, dass Eu-Stille das perfekte Umfeld schafft, in dem Heilung stattfinden kann.

Es ist nämlich so, dass Sie durch das Wahrnehmen der Eu-Stille augenblicklich eine heilsame Umgebung in Ihrem Inneren und um Sie herum erzeugen. Mehr brauchen Sie nicht zu tun. Sie müssen nicht wissen, wie man operiert, Medikamente verschreibt, einen bestimmten Muskel massiert, Akupunkturnadeln setzt, Engel herbeiruft oder mit Heilenergien arbeitet. All das können Sie natürlich tun, aber erst sollten Sie der Eu-Stille gewahr werden. Wenn Sie Chirurg sind und dies tun, werden Sie dadurch zum besten Chirurg, der Sie für sich selbst und Ihre Patienten sein können.

Heilung ist ein umfangreiches Feld mit vielen verschiedenen Formen und Ebenen. Es gibt Hunderttausende von Heilmethoden, die alle ihre eigene Philosophie verfolgen und eigene Techniken einsetzen. Einige sind recht simpel, andere eher bizarr. Um all das müssen wir uns zum Glück nicht kümmern, denn Eu-Stille ist ja an sich keine Heilmethode, sondern vielmehr ein Bewusstseinszustand, der so geordnet und erholsam ist, dass

Heilung automatisch und mühelos stattfindet. Versuchen Sie es selbst – Sie werden erstaunt sein!

So fördern Sie die körperliche Heilung mit der Eu-Stille-Technik

- Machen Sie den Vortest (Einstufung des Leidens auf einer Skala von 0 bis 10, wobei 0 für „symptomfrei" steht und 10 für „unerträglich").
- Berühren Sie den Partner sanft mit einer Hand oder mit beiden Händen.
- Bitten Sie den Partner, die Gedanken einfach schweifen zu lassen.
- Werden Sie der Eu-Stille gewahr.
- Fahren Sie 2 bis 3 Minuten lang fort und fragen Sie dann, wie Ihr Partner sich fühlt.
- Fahren Sie für weitere 2 bis 3 Minuten fort oder auch länger, bis die Symptome sich bessern.
- Machen Sie den Nachtest (erneute Einstufung auf der Skala von 0 bis 10).

Das ist eigentlich schon alles. Den Vor- und Nachtest empfehle ich, damit sowohl Sie als auch Ihr Partner eine Rückmeldung bekommen. Bitten Sie also, bevor Sie beginnen, die andere Person darum, den Grad ihres Leidens auf einer Skala von null bis zehn einzuschätzen. Vergessen Sie auch nicht, die Person zu bitten, den schmerzenden Körperteil zu bewegen, damit Sie den Bewegungsradius sehen können. Wenn Sie die Sitzung beendet haben, wiederholen Sie den Test. In nahezu allen Fällen wird der Wert nun niedriger liegen als zuvor. Und selbst wenn Sie kein sofortiges Ergebnis erkennen können, wird sich nach ein bis zwei Stunden eine Veränderung ergeben. Manchmal kann es auch länger dauern. Ich habe schon mit Menschen gearbeitet, die mich Tage nach unserer Sitzung angerufen haben, um zu berichten, dass das Problem sich nach jahrelangem Leiden plötzlich buchstäblich in Luft aufgelöst hat. Wie lange eine Heilungssitzung dauert, liegt ganz bei Ihnen. Meist reichen wenige Minuten, in chronischen Fällen darf es aber auch einmal eine Stunde sein.

Es ist äußerst wichtig, festzuhalten, dass Sie als Initiator der Heilung nichts tun. Nachdem Sie der Eu-Stille gewahr geworden sind, versuchen Sie nicht, eine Heilung geschehen zu lassen. Sie brauchen also auch keine Intention. Sie müssen keine Energien lenken oder sich der Hilfe anderer Instanzen versichern, damit Heilung stattfindet. Das ist wahrscheinlich das Schwierigste am ganzen Prozess – das Nichttun. Sobald Sie der Eu-Stille gewahr sind, tun Sie einfach … nichts! Ich erkläre Ihnen auch gleich warum.

Ihr Körper weiß bereits, wie man sich heilt, nicht wahr? Es wäre in höchstem Grade anmaßend von uns, wenn wir dächten, dass wir in puncto Heilung mehr wüssten als unser Körper. Wenn Sie sich schneiden, wie beteiligt sind Sie dann am Prozess der Heilung? Gar nicht! Die Entzündungsreaktion findet statt und die Blutplättchen wissen von ganz alleine, wo sie gebraucht werden. Die Wunde verkrustet und die Heilung geht ihren Gang, ohne dass Sie etwas tun müssen. Es tut mir Leid, Sie enttäuschen zu müssen, aber wenn die Grundbedingungen stimmen, braucht Ihr Körper keinerlei Hilfe von Ihrer Seite, damit Heilung stattfindet.

Wenn Sie Ihren Partner leicht berühren und der Eu-Stille gewahr werden, haben Sie das perfekte Umfeld für Heilung geschaffen. Sie erleben die tiefste Ebene der Ruhe und Erholung, die in diesem Moment möglich ist, und weil die andere Person bei Ihnen ist, erlebt sie diesen Zustand ebenfalls. Genießen Sie einfach die Eu-Stille und lassen Sie den Körper des

Partners diese zutiefst heilsame Harmonie nutzen, um sich selbst zu heilen.

Verstehen Sie mich nicht falsch. Ich sage nicht, dass Eu-Stille einzig und allein ausreicht, um alle Leiden komplett zu heilen. Aber das Gewahrsein der Eu-Stille sollte der erste und wichtigste Schritt sein. Wie bereits zuvor erwähnt, sollten Sie die Eu-Stille-Technik mit nichts anderem kombinieren. Beten Sie nicht, formulieren Sie keine Intentionen, umgeben Sie sich nicht mit weißem Licht und erzeugen Sie auch sonst keinerlei positive Energien. All das können Sie tun, nachdem Sie die Eu-Stille-Technik eingesetzt haben.

Das bedeutet nicht, dass Sie nicht gleichzeitig Dinge tun sollten, die ebenfalls für die Heilung förderlich sind. Bei unserer Tennispartnerin mit dem verstauchten Knöchel könnten Sie beispielsweise den Fuß hochlegen, ihn kühlen und bandagieren. All das unterstützt die Heilung, aber nichts davon wirkt ohne Ruhe – und der tiefste Ruhezustand, den Sie anbieten können, ist das Gewahrsein der Eu-Stille. Was ich damit sagen möchte, ist Folgendes: Tun Sie alles, was den Heilungsprozess unterstützen kann, aber lassen Sie die Eu-Stille-Technik so rein und unverfälscht wie sie ist. Eu-Stille ist förderlich für jede Heilung, denn nur sie erzeugt diesen tiefen Ruhezustand.

Dies gilt vor allem auch dann, wenn Sie einen Arzt oder naturheilkundlichen Behandler hinzugezogen haben. Wenn Sie beispielsweise wegen Bluthochdruck in ärztlicher Behandlung sind, dann sollten Sie die Anweisungen befolgen – befolgen Sie wenn möglich immer die Anweisungen Ihres Arztes oder Behandlers – und zusätzliche die Eu-Stille-Technik einsetzen. Auf diese Weise erzielen Sie eine schnellere und vollständigere Heilung. Außerdem werden Medikamente, die Sie einnehmen, wirksamer sein und mögliche Nebenwirkungen werden gemindert. Sollten Sie übrigens tatsächlich Probleme mit dem Blutdruck haben, probieren Sie doch einmal Folgendes aus: Messen Sie vor und nach dem Praktizieren der Eu-Stille-Technik Ihren

Blutdruck. Sie werden feststellen, dass er sich innerhalb dieser kurzen Zeitspanne normalisiert hat. Ähnliche Wirkungen werden Sie bei Unterzuckerung oder Diabetes bemerken. Messen Sie vor und nach einer Eu-Stille-Sitzung Ihren Blutzucker und staunen Sie über das Ergebnis.

Wenn Sie die Eu-Stille-Technik einsetzen möchten, um sich selbst zu heilen, geht das ganz einfach. Ich empfehle, dass Sie einen Vortest machen, sich dann mit geschlossenen Augen setzen und rund fünf Minuten lang oder auch länger die Eu-Stille genießen. Machen Sie dann den Nachtest. Das ist alles – mehr braucht es nicht.

Zunächst kann es Ihnen so vorkommen, als wäre der Einsatz der Eu-Stille-Technik für die eigene Heilung vergleichsweise weniger effektiv, als wenn Sie mit anderen arbeiten. Das liegt daran, dass Sie hier stärker emotional involviert sind und Ihre Aufmerksamkeit dadurch stärker von der Eu-Stille weggelenkt wird. Aber keine Angst – mit ein wenig Übung werden Sie lernen, nicht länger nach bestimmten Ergebnissen Ausschau zu halten und das zu akzeptieren, was sich von selbst ergibt.

Wenn Sie die Eu-Stille-Technik zur Heilung einsetzen, findet diese dort statt, wo sie am nötigsten gebraucht wird. So stellen Sie vielleicht fest, dass nicht nur Ihr Hauptproblem sich bessert, sondern auch andere Leiden beginnen, sich von alleine zu verabschieden. Es ist wirklich ein bemerkenswerter Prozess.

So fördern Sie die emotionale Heilung mit der Eu-Stille-Technik

Die Eu-Stille-Technik eignet sich wunderbar bei körperlichen Problemen, aber auf emotionaler Ebene wirkt sie fast noch stärker. So können Sie die Eu-Stille-Technik für emotionale Probleme einsetzen:

- Machen Sie den Vortest (Einstufung des Leidens auf einer Skala von 0 bis 10).
- Berühren Sie den Partner sanft mit einer Hand oder mit beiden Händen.
- Bitten Sie den Partner, die Gedanken einfach schweifen zu lassen.
- Werden Sie der Eu-Stille gewahr.
- Fahren Sie 2 bis 3 Minuten lang fort und fragen Sie dann, wie Ihr Partner sich fühlt.
- Fahren Sie für weitere 2 bis 3 Minuten fort oder auch länger, bis die Symptome sich bessern.
- Machen Sie den Nachtest.

Wie Sie sehen, ist der Einsatz der Eu-Stille-Technik für emotionale und körperliche Heilung nahezu identisch. Es gibt allerdings einen großen Unterschied: Wenn Sie den Vortest machen, fragen Sie Ihren Partner nicht, worum es geht. Sie haben richtig gelesen. Fragen Sie nicht nach dem Thema! Selbst wenn der andere Ihnen gerne mitteilen möchte, worum es geht, blocken Sie einfach ab. Das ist die Art von Gepäck, die Sie nicht brauchen. Und die tiefe Ruhe, die Sie der anderen Person während der Eu-Stille-Sitzung vermitteln, wirkt sowieso, ob Sie nun wissen, worum es geht oder nicht. Das liegt daran, dass die innere Weisheit des anderen die Heilung übernimmt, nicht Sie. Alles, was benötigt wird, ist eine ausreichende Dosis an Ruhe und Stille. Etwas, das wir im Übrigen alle brauchen und das nur die wenigsten von uns in dieser chaotischen, angstgesteuerten und leistungsorientierten Welt bekommen. Schon gut, ich höre auf Volksreden zu halten, aber es ist mir wirklich ernst damit, sich nicht die emotionalen Probleme anderer aufzubürden. Lassen Sie es bleiben, auch wenn Sie sich dabei unhöflich vorkommen. Es bringt dem anderen nichts und Ihnen auch nicht. Geben Sie ihm stattdessen das, was er am nötigsten braucht: die

Möglichkeit, ein paar schöne Momente mit Ihnen in der Eu-Stille zu verbringen. Das ist das Heilsamste und Wertvollste, was Sie jemand anderem schenken können.

Lassen Sie an dieser Stelle einmal Ihrer Vorstellungskraft freien Lauf. Denken Sie an all die verschiedenen Möglichkeiten, wie Sie die Eu-Stille-Technik zum Heilen einsetzen können. Funktioniert sie wohl, ohne dass Sie die andere Person berühren? Können Sie sie auch über die Ferne einsetzen? Wirkt sie auch dann, wenn die andere Person schläft oder im Koma liegt? Kann man sie auch bei Kindern einsetzen? Wie ist es mit dem Heilen von Haustieren? Potenziert sich der heilsame Effekt, wenn man Eu-Stille mit einer Gruppe von Menschen praktiziert? Kann ich die Eu-Stille-Technik auch auf Bäume oder unbelebte Objekte anwenden? Hilft sie womöglich gegen Hunger oder Übergewicht? Wie sieht es mit Schlaf und Schlaflosigkeit aus? Kann ich Eu-Stille auch für meine finanziellen Sorgen anwenden?

Sie sehen, wir haben bislang lediglich an der Oberfläche gekratzt, was die Möglichkeiten des heilsamen Einsatzes der Eu-Stille betrifft. Ich habe das Thema Heilung bereits ausführlich in meinen vorangegangenen Büchern behandelt, deshalb werde ich hier nicht näher darauf eingehen. Bei meiner bisherigen Arbeit ging es hauptsächlich um Quantenheilung oder QE – eine außergewöhnliche Technik, die auf dem Gewahrsein des Eu-Gefühls basiert. Indem Sie die Eu-Stille-Technik erlernen, also das Wahrnehmen der im Eu-Gefühl enthaltenen Stille, haben Sie bereits eine erkenntnisreichere und wirkungsvollere Technik erlernt. Wo immer Sie in meinen vorherigen Büchern die Worte Quantenheilung oder QE lesen, können Sie dafür die Eu-Stille-Technik einsetzen. Die Eu-Stille beinhaltet die Technik der Quantenheilung, geht jedoch noch über diese hinaus.

Wenn Sie sich eines meiner vorherigen Bücher zulegen möchten, dann empfehle ich Ihnen *Das QE®-Praxisbuch*. Hier sind alle Übungen und Techniken aus meinen Büchern rund um das Thema Quantenheilung versammelt. Auch wenn weniger stark auf die dahinter liegende Philosophie eingegangen wird, enthält *Das QE®-Praxisbuch* zusätzliche Übungen, Anwendungsbeispiele und weiteres Material, das nicht in den anderen Büchern enthalten ist. Eine Liste aller deutschen Veröffentlichungen finden Sie auch im Internet auf der Webseite: *www.quantenheilung.info*

Ich empfehle Ihnen, pro Tag mindestens eine Eu-Stille-Heilung durchzuführen, entweder für sich selbst oder für eine andere Person. Dieser Mensch muss dabei nicht körperlich anwesend sein. Er kann sich auch an einem anderen Ort, in einer anderen Stadt oder sogar am anderen Ende der Welt befinden. (Sehen Sie, schon habe ich eine der zuvor gestellten Fragen beantwortet.) Je öfter Sie für andere in die Eu-Stille gehen, umso mehr Heilung erfahren Sie auch selbst. Und jetzt verrate ich Ihnen noch ein kleines Geheimnis. Wenn Sie eine Eu-Stille-Sitzung für eine andere Person durchführen, bekommen Sie immer mehr, als Sie geben. Und noch etwas: Wenn Sie die Eu-Stille-Technik gemeinsam mit einer anderen Person praktizieren, verstärkt sich die Eu-Stille und somit auch die heilende Wirkung. (Verflixt! Da habe ich doch glatt schon wieder eine Ihrer Fragen beantwortet. Naja, ich war noch nie gut darin, etwas für mich zu behalten.) Setzen Sie die Eu-Stille-Technik so häufig ein, wie Sie möchten. Abgemacht? Wunderbar! Und vergessen Sie nicht: Wenn es anstrengend ist und keinen Spaß macht, dann ist es keine Eu-Stille. Wir sehen uns dort …

Kernpunkte

- Heilung bedeutet ein Reduzieren der Aktivität oder das Erzeugen von ausreichend tiefer Ruhe, um eine Neuorganisation des verletzten Bereichs zu ermöglichen.

- Ruhe ist der universelle Heiler. Je tiefer die Ruhe ist, umso tiefer ist auch die Heilung. Das Gewahrsein der Eu-Stille ist die tiefste Ruhe, die wir erreichen können.

- Die Person, welche die heilungsfördernde Eu-Stille-Sitzung initiiert, tut *nichts* außer der Eu-Stille gewahr zu werden.

- Ihr Körper weiß bereits, wie man sich heilt. Er benötigt dafür nichts weiter als tief gehende Ruhe und Erholung.

- Das Gewahrsein der Eu-Stille ist der erste Schritt jedes Heilverfahrens.

- Führen Sie pro Tag mindestens eine Eu-Stille-Sitzung durch – für körperliche oder emotionale Probleme, über die Ferne, für sich selbst und so weiter.

Kapitel 8

Die negative Seite des positiven Denkens

All diese Versuche, alles richtig zu machen, haben einen großen Anteil an dem, was falsch läuft.

Oliver Burkeman

Bis zu diesem Punkt haben wir uns gemeinsam mit einer Reihe von befreienden Ideen und Konzepten beschäftigt. Sie haben sich als natürlich, einfach, mühelos und sofort umsetzbar erwiesen. Beispielsweise widerspricht die Idee, dass Sie Ihren Kopf innerhalb von Sekunden (anstatt nach jahrelanger Übung) von Gedanken befreien können, vielen Lehren, die bis in die heutige Zeit verbreitet werden. Das Gewahrsein der Eu-Stille – etwas, das Sie immer schon besaßen –, kann Sie schnell von belastenden Emotionen befreien, die Sie womöglich seit Ihrer Kindheit mit sich herumtragen. Und wie steht es damit, dass Sie die Selbstheilungskräfte anderer anregen können, indem Sie einfach nur in die Wahrnehmung der Eu-Stille gehen? Wir, Sie und ich, sind eine Partnerschaft eingegangen, mit dem Ziel, mit überholten und begrenzenden Vorstellungen aufzuräumen, die unsere Lebensqualität beeinträchtigen. Schritt für Schritt haben Sie die neuen Konzepte ausprobiert und deren Gültigkeit für sich belegt, nicht wahr? Ich weise Sie an dieser Stelle noch einmal bewusst auf all dies hin, denn das, was wir gleich erkunden werden, könnte trotz der bereits gemachten Erfahrungen auf den bislang größten Widerstand stoßen. Und was kann es wohl sein, dass so viel Aufruhr verursacht? Nun, es geht um die negativen Auswirkungen des positiven Denkens.

Wenn manche Menschen vom positiven Denken reden – ich schließe hier übrigens ausdrücklich all jene ein, die das sogenannte *Gesetz der Anziehung* propagieren –, dann nimmt das manchmal heilsverkündende Züge an - als würde uns auf einem Silbertablett der Schlüssel zum Universum gereicht. Man gewinnt den Eindruck, man müsse einfach nur positiv denken und schon wandele man auf einem von Engeln mit Rosenblättern bestreuten Pfad hin zu materiellem Erfolg und Wohlstand. Auch soll das Gesetz der Anziehung bewirken, dass sich Gleiches anzieht und positive Gedanken somit automatisch positive Ergebnisse mit sich bringen. Man wird Ihnen sagen, dass diese Argumentation auf soliden physikalischen Grundlagen basiert. Im Grunde genommen, so die Anhänger dieser Theorie, besagt das Gesetz der Anziehung, dass unsere Gedanken die materielle Welt kontrollieren können. Es mag viele von Ihnen überraschen, aber weder die Physik noch eine andere wissenschaftliche Fachrichtung kennt ein „Gesetz der Anziehung". Die ganze Bewegung des positiven Denkens entbehrt jeglicher wissenschaftlichen Grundlage.

Die jüngste Fassung der Idee, dass Gedanken die materielle Welt beeinflussen, leitet sich aus dem allseits bekannten, aber oft fehlgedeuteten Doppelspaltexperiment der Quantenphysik ab. Dieser klassische Versuch zeigt, dass das Ergebnis eines Experiments durch das bestimmt wird, was der Beobachter misst. Kurz gesagt: Wenn der Wissenschaftler ein Photon auf die eine Weise beobachtete, zeigte es sich als Teilchen, beobachtete er es auf eine andere Weise, zeigte es sich als Welle. Ich möchte an dieser Stelle nicht näher auf die technischen Details eingehen – wenn Sie im Internet das Stichwort „Doppelspaltexperiment" eingeben, finden Sie viele Informationen dazu. Worauf ich hinaus will, ist Folgendes: Man kann zwar sagen, dass der Wissenschaftler kontrolliert, ob er ein Teilchen oder eine Welle beobachtet – falsch wäre jedoch zu behaupten, dass er das Teilchen oder die Welle „erzeugt" hat. Er beeinflusst durch sein Beobachten scheinbar den Ausgang des Experiments, aber er beobachtet am Ende nur das, was bereits erzeugt worden ist. Sein Beobachten beeinflusste, ob er das Photon als Teilchen oder Welle maß, aber er konnte weder das eine noch das andere in einen doppelten Cheeseburger verwandeln. Verstehen Sie, was ich meine?

Die Anhänger des *Gesetzes der Anziehung* gehen allerdings noch weiter. Sie verkünden, dass ein Wissenschaftler, wenn er mithilfe seiner Gedanken Materie auf der Mikroebene subatomarer Teilchen kontrollieren könne, dies auch auf der Makroebene könne, sprich: Igel, Ziegel, Schokoriegel. Das ist eine ziemlich gewagte Schlussfolgerung, die auf keinerlei Testergebnissen beruht. Der Wissenschaftler, der das Doppelspaltexperiment durchführte, beobachtete ein einziges subatomares Teilchen. Ihr Traumhaus zu materialisieren, ist - gelinde gesagt - ein wenig komplizierter, denn es besteht aus einer unermesslich großen Anzahl an subatomaren Teilchen, welche wiederum Atome bilden, die wiederum Moleküle bilden, bis irgendwann die Ziegelsteine, Rohre, Elektroleitungen und so weiter Ihres Traumhauses entstehen. Sind Sie tatsächlich in der Lage, all diese Teilchen auf genau die richtige Weise zu beobachten, damit am Ende Ihr Traumhaus dabei herauskommt? Wenn ja, würden Sie dann bitte einen nagelneuen Ferrari für mich materialisieren? Ich versuche nur, mir alle Optionen offen zu halten …

„Kein Problem!", sagen alle, die an das *Gesetz der Anziehung* glauben. „Diese Arbeit übernimmt natürlich die ordnende Kraft des Universums." Die Tatsache, dass das Universum einer bestimmten Ordnung folgt, ist unbestritten. Ob wir allerdings in der Lage sind, diese Kraft unserem eigenen Willen zu unterwerfen, muss sich erst noch zeigen. Vielleicht gilt es hier eine größere Lektion zu lernen – den Unterschied zwischen Beobachten und Steuern. Mir gefällt die Haltung des Wissenschaftlers beim Doppelspaltexperiment. Er ist ein ehrfürchtiger Beobachter der ordnenden Kraft des Universums. Reicht das denn nicht? Aus welcher Leere heraus entspringt unser Bedürfnis, jeden kleinsten Aspekt unserer Welt kontrollieren zu wollen, wenn doch die größten Freuden, die uns je beschert wurden, stets jene spontanen Ausbrüche von Liebe und Lachen sind, die mit der Erkenntnis einhergehen, dass diese Welt, unsere Welt, wunderbar ist, und zwar genau so, wie sie ist.

Unsere Fähigkeit zu denken, zu planen und zu steuern, ist uns offensichtlich angeboren und dient dem Überleben. Sie ist das Merkmal eines gesunden Menschen und hat nicht nur den Fortbestand der Menschheit gesichert, sondern uns auch zum Herrscher über das Tierreich gemacht. Aber es gibt noch eine andere Art von Kontrolle, die nicht natürlich ist und ihren Ursprung in Unzufriedenheit, Verfremdung und Angst hat. Es ist normal, kein Leid mehr spüren zu wollen. Und wenn man lange genug leidet, sucht man häufig Zuflucht bei unrealistischen und manchmal sogar schädlichen Vorstellungen. Die Kontrolle, die die zufriedene Seele ausübt, ist großzügig, spielerisch und lebensbejahend. Ihr fehlt jedes Element der Dringlichkeit, Selbstbezogenheit und verzweifelten Hoffnung, die eine leidende Seele in sich verspürt. Die gute Nachricht ist, dass eine solche Seele gar nicht ins Außen gehen muss, um von ihrem Leiden erlöst zu werden. In Wahrheit ist es sogar so, dass sie nirgends anders als in sich selbst Erlösung findet. Sobald der fehlgesteuerte Verstand wieder auf der richtigen Spur ist, sucht er nicht mehr, sondern findet Trost in der Gegenwart, ganz gleich wie chaotisch oder schwierig sie sein mag.

Wenn das positive Denken also sinnlos ist, warum findet es dann so viele Anhänger? Unterliegt das positive Denken etwa esoterischeren, kosmischen oder spirituellen Gesetzen, die sich den Erklärungen der modernen Wissenschaft entziehen? Nun, das wird zwar immer wieder angedeutet, aber auch hierfür gibt es keinen Beleg. Wie funktioniert positives Denken denn eigentlich? Die kurze und knappe Antwort auf diese Frage lautet: Gar nicht! Zumindest nicht so, wie es allgemein dargestellt wird. Wir gewinnen im Gegenteil wesentlich mehr Erkenntnisse, wenn wir die Unzulänglichkeiten des positiven Denkens aufdecken. Wir müssen nur ein wenig an der Oberfläche kratzen, um die wahren praktischen Vorteile für uns zu entdecken. Sind Sie bereit? Sollen wir eine nutzlose Technik durch eine Methode ersetzen, die nicht nur praktisch ist, sondern auch funktioniert? Dann lassen Sie uns beginnen.

Wir werden uns zunächst die negativen Seiten des positiven Denkens anschauen und dann eine positive Wahrnehmung erschaffen, die … Nun, lassen Sie sich überraschen, während ich zunächst einmal die komplexen Hintergründe des positiven Denkens erkläre, bevor wir uns mit zukünftigen Verheißungen beschäftigen.

Wir alle haben schon von den wunderbaren Ergebnissen des positiven Denkens und des *Gesetzes der Anziehung* gehört. Sie kennen das: Wenn Sie nur richtig denken, ziehen Sie den perfekten Partner an oder gewinnen im Lotto. Wir lesen viel darüber, aber wie häufig meinen Sie, wird dieses Modell funktionieren? Bei näherem Hinsehen stellt sich heraus, dass die Anzahl tatsächlicher Erfolgsfälle sehr gering ist und auf keinen Fall statistisch signifikant. Betrachten wir als Nächstes die Ergebnisse des Gesetzes der Anziehung. Wie häufig wurde dieses „Gesetz" ohne Ergebnis heraufbeschworen? Wie sich herausgestellt hat, übersteigen die Fälle, in denen das Gesetz der Anziehung nicht funktioniert hat, diejenigen, in denen das gewünschte Ergebnis erzielt wurde. Haben Sie nicht selbst ähnliche Erfahrungen gemacht? In Wirklichkeit ist das Gesetz der Anziehung nicht effektiver beim Manipulieren unserer Welt als der reine Zufall. Würde es tatsächlich funktionieren, würden wir alle es wohl einsetzen und völlig andere Leben führen.

Warum hört man dann eigentlich so viel von den Erfolgen des positiven Denkens? Nun, das lässt sich durch das Phänomen des gelben Volkswagens erklären. Stellen Sie sich vor, Sie fahren die Straße entlang und plötzlich sagt Ihr Beifahrer: „Wusstest Du eigentlich, dass Du am Tag, nachdem Du einen gelben VW gesehen hast, mit einem unerwarteten Geldsegen rechnen kannst?" Und auf einmal sehen Sie überall gelbe Volkswagen – auf der Straße, auf dem Parkplatz, ja, Sie träumen sogar nachts davon. War es denn Ihre Gier nach einem unerwarteten Geldsegen, der aus dem Nichts heraus gelbe VW-Fahrzeuge manifestiert hat? Manch einer würde sicher behaupten, dass hier das Gesetz der Anziehung hart für Sie am Werk war. Oder könnte es sein, dass Ihre Aufmerksamkeit für gelbe Volkswagen-Modelle geweckt wurde und Sie einfach nur etwas wahrnahmen, was immer schon existierte? Kennen Sie das Prinzip von Ockhams Rasiermesser? Es besagt, dass bei mehreren möglichen Erklärungen diejenige mit den wenigsten Annahmen vorzuziehen ist. Sind Ihre auf dem Gesetz der Anziehung basierenden, positiven Gedankenwellenmuster durch das Universum pulsiert und haben sich in Form eines gelben Volkswagens auf der Linksabbiegerspur an der nächsten Ampel manifestiert? Oder sorgt Ihre erhöhte Aufmerksamkeit für Fahrzeuge dieser Marke und Farbe einfach dafür, dass Sie nun bewusst etwas wahrnehmen, das schon die ganze Zeit vorhanden war? Sehen Sie, wie leicht das aus den Fugen geraten kann? Aber das ist noch nicht alles.

Reproduzierbarkeit ist mit das wichtigste Thema bei wissenschaftlichen Verfahren. Wenn man sich strikt an die gegebene Anleitung hält, muss man in der Lage sein, das gleiche Ergebnis zu erhalten wie andere, die den gleichen Versuch ebenfalls durchgeführt haben. Und trotz aller Erzählungen, die das Gegenteil zu belegen scheinen, ist positives Denken und die

8. Die negative Seite des positiven Denkens

Arbeit mit Intentionen etwas, das nicht reproduzierbar ist. Lassen Sie mich das an einem offensichtlichen Beispiel demonstrieren.

Im Jahr 2007 erschien ein Buch, das seinen Lesern garantierte, die in ihm enthaltenen Informationen würden nicht nur Unglaubliches enthüllen, sondern sogar lebensverändernd sein. Ich zeige nicht gerne mit dem Finger auf andere, also werde ich den Titel auch nicht erwähnen. Er bleibt mein „Geheimnis". Das auf dem Gesetz der Anziehung basierende Buch war unerhört erfolgreich und somit anscheinend selbst ein perfektes Beispiel für das, was die Autorin predigte. Sie schrieb dann einen Folgeband, der trotz der Bekanntheit des ersten Buchs wesentlich weniger Erfolg hatte. Meine Frage ist nun folgende: War es *Absicht* der Autorin, dass das zweite Buch *weniger* erfolgreich ist? Verstehen Sie, worauf ich hinaus will? Hat die Autorin, eine Meisterin des *Gesetzes der Anziehung*, dieses Gesetz genutzt, um ein Buch anzuziehen, das erheblich weniger Erfolg hat, oder war sie trotz ihres Beherrschens des Gesetzes nicht in der Lage, es wirken zu lassen? Fällen Sie Ihr eigenes Urteil darüber.

Wenn positives Denken harmlos wäre, eine nutzlose Gedankenspielerei, dann wäre es einfach nur Zeitverschwendung. Aber leider ist es alles andere als harmlos. Ironischerweise kann positives Denken negative psychologische Auswirkungen haben. Dieser Gedanke mag Sie zunächst überraschen, aber wenn Sie den Mechanismus erst einmal verstanden haben, werden Sie erkennen, dass ich recht habe. Nehmen wir uns also einen Moment Zeit, um diese negative psychologische Umkehrreaktion unter die Lupe zu nehmen und zu schauen, wie wir dagegen ansteuern können. Denken Sie daran: Es geht uns *nicht* darum, positives Denken gänzlich zu verbannen. Das wäre lächerlich. Die Aufgabe besteht nun vielmehr darin, mit den negativen Nebenwirkungen der falschen Anwendung des positiven Denkens aufzuräumen. Und dafür besitzen wir das perfekte Werkzeug. Doch lassen Sie uns zunächst einmal einen

Blick auf das werfen, was andere zu den negativen Auswirkungen des positiven Denkens zu sagen haben.

Die Forscher Ayelet Fishbach von der University of Chicago und Jinhee Choi von der Korea Business School fanden kürzlich heraus, dass die permanente Fokussierung auf ein Ziel dazu führt, dass die Fähigkeit, an dem Spaß zu haben, was man tut, abnimmt. Weniger Freude am Tun wiederum führt dazu, dass die Chance, das Ziel zu erreichen, sinkt. Bei dem zugehörigen Versuch wurden die Testpersonen gebeten, in einem Fitnessstudio zu trainieren. Die eine Gruppe fokussierte sich auf ihr Ziel, beispielsweise das Laufen auf einem Laufband, während die andere Gruppe ihre Aufmerksamkeit nicht auf ein bestimmtes Ziel richtete, sondern einfach auf das Erlebnis des Trainierens. Die Gruppe, die sich auf ein Ziel konzentrierte, zeigte mehr Begeisterung, hatte aber weniger Erfolg als die nicht zielgerichtete Gruppe. Auch empfand sie die sportliche Betätigung als anstrengender. Anscheinend mindert die starke Ausrichtung auf ein Ziel die Fähigkeit, Spaß an dem zu haben, was man im Moment tut. Man lebt also, vereinfacht gesagt, in einer Illusion, die auf ein positives Ergebnis gerichtet ist, anstatt sich der jeweiligen Realität zu stellen.

In Ihrem Buch *The Willpower Instinct* berichtet die Psychologin Dr. Kelly McGonigal, die an der Stanford University einen der beliebtesten Kurse aller Zeiten abhält, dass uns das Fassen von guten Vorsätzen ebenso wie das Formulieren von Affirmationen zwar im jeweiligen Moment ein gutes Gefühl gibt, gleichzeitig aber unrealistische oder übertrieben optimistische Erwartungen für die Zukunft weckt. Wir erzeugen eine Art von Zufriedenheit oder Entspannung, die eine realistische Betrachtung der Gegenwart und der Zukunft verhindert. Dadurch sind wir wesentlich weniger motiviert, uns wieder auf Kurs zu bringen und unsere Ziele tatsächlich zu erreichen. Gelingt es uns nicht, unser Ziel zu erreichen, fühlen wir uns schuldig oder sind frustriert. Je härter wir mit uns selbst ins Gericht gehen, umso härter ist es, erfolgreich zu sein. Wir programmieren uns darauf, immer stärker zu versagen.

Auch Heather Barry Kapps und Gabriele Oettingen, die Forschungen an der New York University beziehungsweise der Universität Hamburg durchführen, stellten fest, dass positives Denken zu weniger Energie und schlechteren Leistungen führt. Als Grund für die schlechtere Leistung von selbsterzeugtem positiven Denken gaben sie an, dass positives Denken „… nicht genug Energie erzeugt, um die gewünschte Zukunft zu verfolgen." Aber die Forscherinnen machten hier keineswegs Halt. Oettingen bat ihre Testpersonen, an die realistischen Hindernisse zu denken, die dem Erreichen des Ziels im Wege standen. Kurz gesagt: Die Testpersonen ergänzten ihre Luftschlösser-Fantasien um eine gesunde Portion Realismus. Im Umfeld des positiven Denkens würde man das bereits als Negativität bezeichnen. Was aber war das Ergebnis?

Oettingens Testpersonen, die mögliche Hindernisse beim Erreichen ihres Ziels in Betracht zogen, erzielten bessere Ergebnisse als die Teilnehmer, die sich allein auf das positive Ergebnis fokussierten.

Negativität ist ein Teil der Realität und sie hat ihren Wert. Es bringt nichts, ihre Existenz zu leugnen oder ihre Auswirkungen neutralisieren zu wollen, indem man mit dem *Gesetz der Anziehung* herumspielt. Alle, die dies tun, erleben nicht nur eine Minderung des spontanen Lebens, sondern befinden es auch für notwendig, ungeheure Mengen an Energie zu erzeugen, um im Angesicht des Versagens eine erfolgreiche Stimmung aufrecht zu erhalten. Sie stellen ein gezwungenes Lächeln zur Schau und in den Augen sieht man die Angst. Sie wissen, dass die Kraft der Evolution gegen sie arbeitet und haben keine Ahnung, wie sie sie stoppen können. Was sie nicht wissen, ist die Tatsache, dass sie es nicht einmal versuchen sollten, denn das wäre so, als wolle man eine Sandburg vor der herannahenden Flut retten.

Es gibt eine Gegenkultur zum positiven Denken, eine Art unsichtbare Bewegung, die langsam an Fahrt gewinnt. Zuerst nahm ich an, diese Befürworter des negativen Denkens stellten einfach nur eine Art von Gegenreaktion dar – eine Art säuerlichen Kontrapunkt zur zuckersüßen Lehre des positiven Denkens. In Wahrheit ist das Gegenteil der Fall, und ich weiß jetzt schon, dass Ihnen das, was nun kommt, gefallen wird. Die negativen Denker gibt es nämlich schon seit den Zeiten der alten Griechen. Ich rede von der philosophischen Schule des Stoizismus, die kurz nach dem Tod von Aristoteles eine kurze Blütezeit erlebte. Laut Oliver Burkeman, dem Autor des Buches *The Antidote: Happiness for People Who Can't Stand Positive Thinking*, ist der ideale Geisteszustand des Stoikers einer des inneren Friedens und nicht des überschäumenden Glücks. Und jetzt kommt der wichtige Punkt: Die Stoiker setzten tatsächlich Negativität ein, um einen Gegenpol zu überstarkem Optimismus zu schaffen, sodass sie am Ende zwischen beiden Extremen standen. Sie versuchten, über den Verstand das zu erreichen, was das dritte Newton'sche Bewegungsgesetz durch, nun ja, Bewegung feststellte. Sie suchten nach dem Gleichgewicht, dem Equilibrium.

Laut Burkeman empfehlen die alten Griechen, nicht gegen Gedanken anzukämpfen, in denen man sich den schlimmsten Fall ausmalt, sondern sich vielmehr ausführlich mit ihnen zu befassen, ihnen „ins Gesicht zu schauen". Die Technik, die sie dabei anwenden, nennt sich negative Visualisierung. Und so funktioniert sie: Wenn wir etwas finden, das uns Freude macht oder das wir lieben, gewöhnen wir uns häufig an das Vorhandensein dieses positiven Aspekts und er ruft nicht mehr den gleichen Grad an Glück oder Freude in uns hervor wie zu Beginn – ganz gleich ob es sich dabei um unser brandneues, supertolles Smartphone handelt oder unseren liebevollen Partner, der uns unterstützt. Innerhalb kürzester Zeit lässt unser Interesse nach und wir haben weniger Freude am jeweiligen

Objekt, das langsam in den Hintergrund tritt. Das Prinzip der negativen Visualisierung fordert nun, dass wir den Verlust der Person oder Sache durchdenken, das heißt, Sie stellen sich vor, wie Ihr Leben ohne das Smartphone oder den Partner aussähe. Wenn Ihre solchermaßen gesteigerte Aufmerksamkeit auf das Objekt der Freude fällt, wird Ihr Interesse wiederbelebt und Sie können sich wieder stärker daran erfreuen. Sobald Sie sich bewusst machen, dass Sie etwas jederzeit verlieren könnten, schätzen Sie es automatisch wieder stärker wert.

Negative Visualisierung bietet aber noch einen anderen entscheidenden Vorteil gegenüber dem positiven Denken, und zwar das Senken des Angstpegels. Wenn Sie positiv denken, visualisieren Sie, dass Sie bereits über das verfügen, was Sie gerne hätten. Diese Illusion müssen Sie nun nicht nur energetisch aufrechterhalten, sondern Sie müssen zugleich gegen die Angst ankämpfen, es wieder zu verlieren. Dieses Phänomen kann man vor allem bei Leuten beobachten, die „immer glücklich" sind. Sie neigen dazu, mit strahlendem Lächeln ein überzogenes Glücklichsein vor sich herzuschieben wie einen Radar, der nach Nahrung sucht. Aber ihre Augen verraten sie. Die Muskeln rund um die Augen sind angestrengt und verkniffen. Anstatt des spontanen funkelnden Lebens spiegeln ihre Augen in der Tiefe lediglich Verwirrung wieder, die von Furcht angeheizt wird. Und wovor haben sie Angst? Natürlich vor dem Verlust der Illusion und somit davor, etwas zu verlieren, das ihnen sowie nie gehört hat. Stellen Sie sich einmal vor, wie verwirrend und verunsichernd es ist, wenn Sie fürchten müssen, etwas zu verlieren, das Sie gar nie besessen haben.

Unsere Verlustängste sind fast immer übertrieben. Wie oft haben Sie sich Gedanken darüber gemacht, dass etwas schief laufen könnte? Und wenn dieser Fall dann tatsächlich eintrat, war es gar nicht so schlimm, wie Sie es sich ausgemalt haben? So ist es nahezu immer. Negative Visualisierung rückt den möglichen Verlust ins Zentrum der Aufmerksamkeit und verringert oder beseitigt die Angst vor dem Unbekannten. Sie erlaubt Ihnen eine realistischere Sicht auf die Möglichkeiten. Je höher Sie Ihr Luftschloss bauen, umso tiefer fallen Sie am Ende. Den Stoikern wäre es am liebsten, Sie würden gleich hier auf der Erde und somit näher an der Realität leben. Wie jedoch bereits erwähnt, ist es nicht verkehrt, mit dem Kopf in den Wolken zu schweben, solange Sie mit den Füßen fest am Boden bleiben.

Sie könnten nun natürlich fragen, inwieweit der Ansatz des Stoikers, bei dem das Negative das Positive neutralisiert, sich von der Methode des positiven Denkers unterscheidet, der das Negative durch das Positive neutralisiert. Nun, der Unterschied mag gering sein, aber er ist entscheidend für alle, die nach Erfüllung streben. Positiv denkende Menschen möchten Negativität mit Positivität ersetzen, was in gewisser Hinsicht einem Leugnen der Realität gleichkommt. Stoiker und eine Reihe von anderen Systemen, die das Negative betonen, legen es nicht darauf an, positive Emotionen zu verdrängen oder zu ersetzen. Stattdessen liegt ihnen daran, die Realität anzuerkennen, in der sowohl Positives als auch Negatives existiert. Wenn man dies tut, muss man nicht mehr dem Glück hinterherjagen, sondern sucht nach dem Punkt der Stille, der beiden Welten zugrunde liegt und sie miteinander verbindet. Die Stoiker suchen also letztendlich nach der Eu-Stille.

Ich möchte Ihnen ein kleines Geheimnis verraten. Stoiker und andere Befürworter der negativen Visualisierung suchen ebenso wie die Anhänger des *Gesetzes der Anziehung*, wie andere Positivdenker und wie alle Menschen, deren Kopf voller weltlicher, großartiger oder gar magischer Dinge steckt, im Grunde genommen nach dem Gleichen: der Eu-Stille. Eu-Stille ist der Grundzustand, der alle Welten, negativ und positiv, verbindet, hält und durchdringt. Mehr noch: Wenn Sie der Eu-Stille gewahr sind, beginnt der Unterschied zwischen negativ und positiv zu verschwimmen. Denken Sie beispielsweise an

Zuckerwürfel in einem Glas Wasser. Füllen Sie ein Glas ein paar Zentimeter hoch mit Wasser und geben Sie zwei Zuckerwürfel hinein. Einer steht für das Positive und einer für das Negative. Sehen Sie dann zu, wie beide Würfel zerfallen und sich am Ende im Wasser auflösen. Was wir also brauchen, ist eine Möglichkeit, den scheinbaren Kampf zwischen positiven und negativen Kräften aufzulösen. Wir suchen nach einem Prozess oder einer Wahrnehmung, die es uns ermöglicht, sowohl das Negative als auch das Positive zu kennen, vor allem aber das, was beide miteinander verbindet. Im Fall der Zuckerwürfel wäre es das Wasser, in dem sich beide auflösen.

Passend zu diesem Thema werde ich Ihnen im nächsten Kapitel die Münzen-Technik vorstellen, eine bemerkenswerte Möglichkeit, die Welt auf eine Weise zu sehen, die weder Negatives noch Positives ausklammert, sondern beide in Harmonie bringt. Die Münzen-Technik füllt die Lücke zwischen negativer Visualisierung und positivem Denken, verleiht beiden Kraft und reduziert sie auf den kleinsten gemeinsamen Nenner: die Eu-Stille. So erleben Sie die Realität, dass alle Gegensätze sich in der Einheit der Stille auflösen. Gegensätze sind sowohl getrennt als auch eins.

Kernpunkte

- Die Wissenschaft kennt kein „Gesetz der Anziehung". Die Bewegung des positiven Denkens, die auf diesem Gesetz fußt, entbehrt jeder wissenschaftlichen Grundlage.
- Jeder Versuch, die eigene innere Zufriedenheit von Dingen im Außen abhängig zu machen, ist fehlgeleitet.
- Die Techniken des Gesetzes der Anziehung sind nicht universell reproduzierbar.

- Positives Denken kann eine negative psychologische Gegenreaktion auslösen.
- Es geht uns *nicht* darum, das positive Denken zu beseitigen. Wir wollen vielmehr die negativen Auswirkungen der fälschlichen Anwendung des positiven Denkens beseitigen.
- Auch Negativität hat ihren Wert.
- Unsere Verlustängste sind fast immer übertrieben.
- Stoiker und andere Befürworter der negativen Visualisierung suchen ebenso wie die Anhänger des *Gesetzes der Anziehung*, wie andere Positivdenker und wie alle Menschen, deren Kopf voller weltlicher, großartiger oder gar magischer Dinge steckt, im Grunde genommen nach dem Gleichen: der Eu-Stille.
- Eu-Stille ist der Grundzustand, der alle Gegensätze, einschließlich negativ und positiv, verbindet, hält und durchdringt.

Kapitel 9

Die Münzen-Technik

Tu es oder tu es nicht. Es gibt kein Versuchen.
Yoda (aus dem Film: *Das Imperium schlägt zurück*)

Das Leben der meisten von uns sieht so aus, dass wir entweder vor etwas davon- oder auf etwas zulaufen. Eines der biologischen Grundprinzipien lautet, dass das Leben sich weg vom Schmerz und hin zu angenehmen Gefühlen bewegt. Das ist nur natürlich und fällt selbst dem oberflächlichen Betrachter ins Auge. Dieses Phänomen wollen wir nun ein wenig genauer betrachten. Dabei geht es uns nicht allein um Schmerz und Freude, sondern um ganz allgemeine Gegensätze.

Beginnen wir beim dritten Newton'schen (Bewegungs-) Gesetz: Kräfte treten immer paarweise auf. Das bedeutet, dass es für jede Bewegung eine gleiche große, entgegengesetzt gerichtete Bewegung gibt. Bewegung ist gleichbedeutend mit Aktivität, nicht wahr? Newton sagt also nichts anderes, als dass es zu jeder Aktivität ein gleich großes, gegensätzliches Element gibt. Sie kennen diese Idee bereits: Wenn Sie aufstehen, müssen Sie zuerst Druck nach unten ausüben. Wenn Sie einen Pfeil nach vorne schießen möchten, müssen Sie ihn zunächst in die entgegengesetzte Richtung ziehen. Erinnern Sie sich? Dann wissen Sie sicher auch noch, dass der Pfeil nach dem Zurückziehen und vor dem Loslassen eine Eigenschaft dynamischer Stille aufweist – ohne Bewegung, aber aufgeladen mit der potenziellen Energie nach vorne zu fliegen und das Ziel zu treffen.

Aufgrund der Natur unseres Geistes sind wir zunächst auf Bewegung fokussiert. Das ist ein Überlebensmechanismus, eine genetische Veranlagung, die dem Rechnung trägt, dass Bewegung der entscheidende Faktor ist – wie beim Tiger, der im Gebüsch sitzt und Sie fressen will. Ihr erster Impuls hat also immer mit Bewegung zu tun, und das ist gut so. Aber wenn Sie sich allein auf die Bewegung konzentrieren und darüber die Stille vergessen, mangelt es Ihrem Leben an Fülle. Und das ist weniger gut.

Alles im Leben muss zur Ruhe kommen. Das gilt für die gesamte Schöpfung und ist ein unverrückbares Gesetz. Absolute Stille ist ein unabdingbarer, wenngleich verborgener Teil des dritten Newton'schen Gesetz. Ich wette, dass Sie das im Physikunterricht nicht gelernt haben. Selbst Physiker neigen dazu, auf die Bewegung zu schauen und die bewegungslose Stille zu ignorieren. Aber wenn es eine Bewegung in eine Richtung gibt und gleichzeitig eine ebenso starke Bewegung in die entgegengesetzte Richtung, was folgt dann daraus? Bewegungslose Stille. Denn wenn man zehn Einheiten positiver Kraft zu zehn Einheiten negativer Kraft addiert, kommt am Ende Null heraus. Null bedeutet aber nichts anderes als keine Kraft, keine Bewegung. Keine Bewegung ist ein anderes Wort für Stille. Sie sehen also, dass das dritte Newton'sche Gesetz auf dem Prinzip der Stille basiert.

Der einfachste Baustein des Universums, die Welle, ist ein deutliches Beispiel hierfür. Wir können es mit einem schaukelnden Kind vergleichen: Auf dem Höhepunkt des Schwungs nach vorne und des Schwungs nach hinten herrscht vollkommene Ruhe, bevor die Bewegung in die andere Richtung fortgesetzt wird. Jede Ruheperiode einer Welle gleicht dem gespannten Pfeil in der dynamischen Stille. Genau diese dynamische Stille bereitet die Welle auf den nächsten Teil ihrer Reise vor. Und alle Wellen laufen weiter, interagieren mit anderen Wellen und erschaffen so unsere Welt – einen wundervollen Teppich, gewebt aus Stille und Aktivität.

In den vergangenen 350 Jahren bildeten die Newton'schen Gesetze die Grundlage unseres Denkens. Nun scheint es so, als wären sie durch die nahezu mystischen Gesetze der Quantenphysik an den Rand gedrängt worden. Aber das stimmt nicht. Newton ist nicht tot, er legt nur eine kleine Pause ein. Weniger als 100 Jahre sind vergangen, seit die aufkeimende Quantenphysik die Gemeinde der Physiker verwirrte und schockierte. Selbst die Väter dieser „neuen Wissenschaft" konnten kaum glauben, was sie da entdeckt hatten. Niels Bohr, einer der Begründer und treibenden Kräfte dieser wundersamen neuen Richtung sagte: „Wenn man nicht zunächst über die Quantentheorie entsetzt ist, kann man sie unmöglich verstanden haben." Werner Heisenberg, bekannt für die Unschärferelation, meinte, dass hier die Grundlagen der Physik in Bewegung geraten seien und diese Bewegung das Gefühl vermittle, der Wissenschaft würde der feste Boden entzogen. Was also beschäftige diese Wissenschaftler derart und was hat es mit uns zu tun?

Die klassische oder Newton'sche Physik befasst sich mit der Makrowelt, der Welt unserer Sinne, der Welt von Ursache und Wirkung. Newton ging davon aus, dass wir durch das Sammeln einer ausreichenden Menge an Daten über ein Objekt oder einen Zustand nicht nur die Zukunft des Objekts oder Zustands kennen würden, sondern auch seine Vergangenheit. Natürlich ist dies, von ganz elementaren Systemen einmal abgesehen, nicht wahr. Wir können niemals alle beteiligten Kräfte kennen, ebenso wenig wie alle Aktionen und Reaktionen, die Einfluss auf ein einfaches Ereignis haben können, und sei es nur das Betätigen des Lichtschalters. Das Schmetterling-Beispiel der Chaostheorie – dass also der Flügelschlag eines Schmetterlings in Taiwan theoretisch einen Hurrikan in Havanna auslösen kann –, zeigt dies am eindrucksvollsten.

Bis zum Auftauchen der Quantenphysik bestimmte die klassische Physik, die auf den Newton'schen Gesetzen beruht, unser Denken und Handeln. Und das ist auch heute noch so, denn es gelang nur wenigen Disziplinen wie Medizin, Biologie, Chemie, Psychologie und anderen, die Prinzipien und Gesetze der Quantenphysik in ihr Wissensfeld zu integrieren. Doch wie bei jeder größeren Verlagerung des menschlichen Bewusstseins scheinen die Erkenntnisse der Quantenphysik langsam in das Alltagsbewusstsein einzufließen. Wohin auch immer man blickt – überall heißt es Quanten-dies und Quanten-das. Schaut man jedoch genauer hin, stellt man fest, dass das System oder die Technik in Wirklichkeit auf Newton'schen oder gar keinen wissenschaftlichen Prinzipien beruht. Eine Ausnahme bildet die für ihre schnelle Heilwirkung bekannte Technik der Quantenheilung oder QE®. Wer sie einsetzt und mühelos des Eu-Gefühls gewahr ist, tritt einfach innerlich einen Schritt beiseite und schaut zu, wie subtile quantenmechanische Kräfte körperliche und seelische Disharmonien reorganisieren (heilen). Trotz des inflationären Gebrauchs des Wörtchens „Quanten" bleibt das Wesen der Quantenphysik also den meisten verschlossen.

Die Quantenphysik sagt uns, dass eine größere Verlagerung im menschlichen Bewusstsein nicht langsam durchrieseln kann, zumindest nicht im herkömmlichen Sinne. Im Herzen der Quantenphysik steht die Erkenntnis, dass man das Leben nicht besitzen kann. Es gibt keine Gewissheit im Leben, nur Wahrscheinlichkeiten, oder genauer gesagt: beides. Jeder Gedanke, jedes Wort, jede Handlung und jedes Objekt stellen zur gleichen Zeit eine Gewissheit und eine Wahrscheinlichkeit dar. Der Kieselstein, den Sie in Ihrer Hand halten, stellt nur oberflächlich betrachtet eine Gewissheit dar. Sie glauben diesen Kieselstein zu kennen. Aber wie sieht die tatsächliche Realität aus? Ist Realität das, was Sie mit Ihren Sinnen wahrnehmen? Ist der scheinbar solide Kieselstein eine Mixtur aus verschiedenen

Chemikalien oder ist er nichts anderes als eine Schwingung aus Wellenfunktionen, die subatomare Teilchen bilden, die in Lichtgeschwindigkeit existent werden und wieder nicht? Nun, er ist all dies und noch mehr. Und zugleich weniger … genau genommen: nichts.

Der Kieselstein ist zugleich Sein und Werden, Tod und Wiedergeburt. Wer von uns könnte behaupten, etwas gänzlich erfassen zu können? Die Möglichkeiten sind in jeder Hinsicht unendlich und deshalb ist Gewissheit eine Illusion. Wir können die Entwicklung eines Atoms, eines Kieselsteins oder unserer Seele nicht genau vorhersagen. Das Beste, was wir erzielen können, ist eine Wahrscheinlichkeit. Mein Lieblingszitat von Nisargadatta Maharajah, einem indischen Philosophen und Weisheitslehrer hierzu lautet: „Wissen ist Nichtwissen." Denn sobald wir beispielsweise meinen, alles über einen Schmetterling zu wissen, sperren wir ihn in unseren Verstand ein und beenden den Prozess des Werdens. Er wird zur Erinnerung, getrennt von der lebenden und atmenden Realität, ein steinernes, unbewegliches Abbild.

Was also können wir tun? Wir müssen uns sowohl für die scheinbare Realität öffnen als auch für die Wahrscheinlichkeit, zu der sie wird. Wie wir das anstellen? Nun, indem wir uns zunächst unserer eigenen Realität bewusst werden, dem Fundament, auf dem alles aufbaut. Wer sind wir? Unser Körper und unser Geist bestehen aus demselben grundlegenden Stoff wie ein Kieselstein. Bevor sie zu subatomaren Teilchen oder Wahrscheinlichkeitswellen werden, sind sie still und bewegungslos. Der amerikanische Quantenphysiker David Bohm bezeichnet diese bewegungslose Stille als implizite Ordnung. Sie kann von keiner Maschine gemessen werden, aber der Mensch kann sie erfahren. Wenn er dies tut, werden Körper und Geist still. Diese Stille ist der Vorläufer sowohl des Seins als auch des Werdens. Vom Blickpunkt der Stille aus nehmen wir die Welt vor jeder Beurteilung, Analyse und beeinflussenden Emotion wahr. Hier quillt das Alltägliche über vor Potenzial. Der Kieselstein in Ihrer Hand atmet Licht ein und Liebe aus.

Worauf ich hinauswill, ist Folgendes: Wir müssen in beiden Welten zu Hause sein, in der gewohnten ebenso wie in der Welt der Quantenphysik. Wir müssen die Gegensätze vereinen. Die Wahrnehmung der absoluten Stille, also der Eu-Stille, fehlt bedauerlicherweise in unserem Leben und das bringt uns aus dem Gleichgewicht. Wenn wir die Wahrnehmung der Eu-Stille kultivieren, bringt das eine Stabilität mit sich, die weit über ein „sich wohlfühlen" hinausgeht. Das Eu-Gefühl stabilisiert die Art, wie wir die Welt sehen. Es rückt Harmonie und Gleichgewicht in den Vordergrund, was direkten Einfluss darauf hat, wie wir mit der Welt um uns herum interagieren und mit der Welt in unserem Inneren. Wir finden inneren Frieden, wenn wir auf ruhigen Gewässern segeln, während die aufgewühlte wogende Welt um uns herum versucht, alles zu verstehen.

Welche unmittelbaren Auswirkungen hat also die Wahrnehmung der Eu-Stille auf Ihr Leben? Eine Bewusstheit für die Stille, aus der Aktivität geboren wird, ermöglicht Ihnen, beide Seiten des Lebens gleichberechtigter zu sehen. Sie bessern die Schlaglöcher auf dem Weg des Lebens aus, damit Sie leichter vorankommen. Die Reise wird bedeutsamer und macht mehr Spaß. Wenn Sie Ihre Wahrnehmung dergestalt verlagern – weg von Gegensätzen und hin zur Einheit –, beruhigt das den Verstand, ordnet ihn und sorgt dafür, dass Sie Gedanken und Dingen weniger Gewicht geben. Nahezu sofort gehören das Anhaften an negative Emotionen und die „positiven" Prozeduren zum Überwinden dieser Emotionen der Vergangenheit an. Die Dualität löst sich Stück für Stück auf und wird ersetzt durch die Erkenntnis, dass Negativität und Positivität am Ende ein und dasselbe sind.

Wenn die Stille vergessen wird und Sie nur Dinge und Bewegung sehen, wird Ihr Geist davon gefangen genommen, auf welche Weise diese Dinge miteinander interagieren. Aber ohne die Stille bleibt es nicht beim interessierten Beobachten. Ohne den Ankerpunkt der Eu-Stille wird Ihr Geist mitgerissen von der Strömung, die sich aus Aktion und Reaktion speist, ebenso wie aus anderen Gegensätzen wie schwach und stark, alt und jung, gut und schlecht, falsch und richtig. Genau wie bei der einfachen Welle wird auch jeder Gegensatz im Leben aus der Stille heraus geboren und benötigt die Stille, um fortbestehen zu können. Ohne das Fundament der Eu-Stille können Sie eine Sache bestenfalls zum Teil verstehen. Und das bringt uns zum eigentlichen Thema dieses Kapitels.

Gegensätze stehen erklärtermaßen im Widerspruch zueinander. Sie scheinen keine gemeinsame Basis zu haben, nichts, was sie verbindet. Wenn Sie also Gegensätze wie stark und schwach betrachten, entscheiden Sie sich in der Regel für eine von beiden Varianten. Sie beziehen Stellung. Die eine Position wird unterstützt, die andere abgelehnt, ist es nicht so? Das bedarf nicht einmal einer bewussten Entscheidung. Bevor es Ihnen klar ist, haben Sie schon Partei ergriffen. Und müssen nun Energie aufwenden, um Ihre Position zu unterstützen oder die der anderen Seite zurückzuweisen. Ihr Leben wird zum Kampf zwischen Gegensätzen und dieser Kampf verläuft so unterschwellig, dass er Ihnen zumeist gar nicht bewusst ist. Bei den meisten Menschen tobt er unmittelbar unter der bewussten Geistesebene. In einer Welt zu leben, die allein von Gegensätzen beherrscht ist, erfordert eine Menge Energie.

Sie glauben mir nicht? Dann machen Sie doch einmal diesen einfachen Test. Wählen Sie etwas aus, das Sie mögen – einen Ort, eine Speise, eine Person –, und denken Sie einmal kurz darüber nach. Warum genau mögen Sie diese Person, diesen Ort oder diese Speise? Es muss ja schließlich einen Grund dafür geben, oder? Vielleicht lautet die Antwort: „Ich mag grüne Äpfel lieber als rote, weil sie nicht so süß sind und mir Grün für einen Apfel besser gefällt." Wenn Ihnen als einzige Antwort „keine Ahnung" einfällt, dann ist der Prozess, warum Sie etwas mögen oder nicht, Ihrem bewussten Verstand nicht zugänglich. In einem mit Eu-Stille erfüllten Verstand herrscht ein Gefühl des Einsseins und der Wahrnehmung, dass alles so in Ordnung ist, wie es ist. Und daraus erwächst irgendwann die Erkenntnis, dass es keine Kämpfe gibt, die ausgefochten werden müssen.

Menschen, die der Stille in der Aktivität gewahr sind, nehmen ihre Welt auf andere Weise wahr. Sie verspüren in sich ein Gefühl innerer Harmonie, ihr Erleben der Außenwelt ist von Leichtigkeit und Erfolg geprägt. Abraham Maslow, den Sie wahrscheinlich aufgrund der von ihm entwickelten Bedürfnispyramide kennen, war ein Psychologe, der sich mit gesunden Menschen beschäftigte. Er fand heraus, dass es unter uns eine kleine Gruppe gibt, die das Leben wesentlich häufiger in der Eu-Stille wahrnimmt. Die meisten der zu dieser Gruppe zählenden Menschen tun dies von Natur aus, also von Geburt an. Alle anderen müssen die Eu-Stille selbst finden. Maslow nannte diese natürlichen Eu-Stiller (Hey, ich habe gerade ein neues Wort erfunden!) *Transcender*. Transcender sind faszinierende Menschen und wir können eine Menge von ihnen lernen. Wir werden Ihnen jetzt nur einige Zeilen widmen und uns später im Buch ausführlicher mit ihnen beschäftigen. Ich werde Ihnen vielleicht sogar zeigen, wie Sie selbst zu einem werden können, wenn Sie Lust dazu haben.

Laut Maslow sehen Transcender die Stille in allen Dingen, auch während sie auf der praktischen Alltagsebene agieren. Dadurch sind sie nicht nur empfänglicher für Schönheit, sondern haben auch ein tieferes Gerechtigkeitsgefühl. In der Welt der Transcender sind Gegensätze keine zwei sich bekämpfenden Fraktionen, sondern eher zwei Seiten der gleichen Medaille. Auf der angewandten Ebene sehen sie die Unterschiede, können sie aber leicht auf der verbindenden Ebene der Stille in Einklang bringen.

Wie nun würde ein Transcender, der der Eu-Stille gewahr ist, auf gut und böse blicken? Seine Wahrnehmung der Stille würde ihn verstehen lassen, dass das Böse nicht zu vermeiden ist. Mehr noch: Da er aus der Stille heraus blickt, die jenseits der Aktivität liegt, würde er sehen, dass das Böse eine Funktion erfüllt. Er wüsste instinktiv, dass die schlechten Ereignisse von heute das Fundament für Harmonie, Heilung und Liebe in der Zukunft darstellen können. Aus seinem Verständnis der Natur des Bösen heraus würde er gegen das Böse Widerstand leisten, aber nicht aus Angst, Vorurteilen und Hass heraus, sondern vielmehr aus Mitgefühl, Rücksichtnahme und Verständnis. Mir fällt dazu der Begriff „liebevolle Strenge" ein.

Wenn sich eine Giftschlange in sein Haus verirrte, würde der Transcender die Schlange zurück in die Wildnis bringen, wo sie keine Gefahr mehr für Menschen darstellte und weiterhin ihre von der Natur vorgesehene Rolle spielen könnte. Wäre ein Entfernen der Schlange nicht möglich, hätte er keine Skrupel sie zu töten, aber er würde es mit Mitgefühl und vermutlich einem Hauch des Bedauerns tun. Stille ist eine gemeinsame Ebene, ein Spinnennetz, über das alles miteinander verbunden ist. Sie können keine einzige Blume pflücken, ohne dass die gesamte Schöpfung empathisch mitschwingt.

Und das bringt uns zum Zweck dieses Kapitels. Ich möchte Ihnen eine spezielle Anwendungsform der Eu-Stille zeigen, die Gegensätzen schnell die Härte nimmt und somit jede Menge Energie spart. Anders gesagt: Ich habe einen Weg gefunden, wie man lernt, die Harmonie zwischen Gegensätzen zu schätzen und die Freude zu genießen, die aus dieser Erkenntnis fließt. Ich nenne sie die „Münzen-Technik".

Sie können die Münzen-Technik einsetzen, um die Negativität aus Ihrem Leben zu vertreiben, oder zumindest Ihre Anhaftung an die Negativität. Das gilt übrigens auch für Ihre Anhaftung an Positivität. Keine Angst, ich schlage nicht vor, dass Sie das Leben nicht mehr genießen sollen. Schließlich habe ich von der „Anhaftung" an Positivität gesprochen und das ist ja nun nichts Positives, nicht wahr? Wenn Sie an der Positivität anhaften, würdigen Sie die Freude nicht, die einer Person, einem Ort oder einem Gegenstand innewohnt. Oder einfacher gesagt: Sie verlieren die Fähigkeit, das zu genießen, was vor Ihrer Nase liegt. Eine Bewegung hat immer einen Anfang und ein Ende, eine Vergangenheit und eine Zukunft. Die bewegungslose Stille ist jetzt. Die leidende Seele bewegt sich fort von der Negativität, in dem Wunsch, sich die Positivität zu eigen zu machen. Was sie jedoch eigentlich anstrebt, ist die Neutralität, eine gleichförmige Sicht der Dinge und Akzeptanz des Jetzt. Wenn Sie nicht zwischen den beiden Polen von Positiv und Negativ hin und her schwanken, können Sie beides besser genießen. Neutralität ist in diesem Fall natürlich einfach nur ein anderes Wort für Stille. Und Stille ist in diesem Fall nichts anderes als Eu-Stille.

Nun ja, wir können hier entweder endlos den Verstand bemühen oder einfach mit dem Einsatz der Münzen-Technik beginnen. Wie sieht es aus? Sind Sie bereit, die Welt der Gegensätze für einen Moment hinter sich zu lassen? Ich zumindest bin jetzt reif für meine tägliche Dosis Stille. Schließen Sie sich mir doch einfach an!

Wenn Sie regelmäßig die Eu-Stille-Technik praktiziert haben – und vor allem die Stopp-Technik –, ist Ihnen vielleicht schon aufgefallen, dass die Eu-Stille gerne von sich aus einmal vorbeischaut, meist dann, wenn man es gar nicht erwartet. Wenn Sie einen kurzen Moment darüber nachdenken, fällt Ihnen womöglich sogar auf, dass Sie immer still im Hintergrund vorhanden ist und Ihr Leben hält, so wie eine Leinwand die Bilder eines Films hält. Je länger Sie diese Techniken einsetzen, umso stärker wird diese Wahrnehmung sein.

Die Münzen-Technik fügt dem, was Sie bislang geübt haben, noch einen weiteren Aspekt hinzu. Sie macht uns die gegensätzlichen Facetten von Themen, Ereignissen, Konzepten, Überzeugungen, und Beziehungen bewusst und lässt in den scheinbaren Gegensatz die Gleichförmigkeit der Stille einfließen. Diese

Wahrnehmung bringt Ausgleich in den Konflikt. Gut und schlecht, richtig und falsch, stark und schwach, jung und alt – all dies findet in der Eu-Stille eine gemeinsame Basis. Selbst wenn der Konflikt im Außen nicht geklärt werden kann, so löst die Wahrnehmung der Eu-Stille den inneren Konflikt auf, indem sie zeigt, dass im Grunde genommen beide Seiten aus derselben Quelle stammen und auch Teil dieser Quelle bleiben. Das Erkennen der vereinenden Natur der Eu-Stille erzeugt in Ihnen ein intuitives, tiefes Verständnis, das über Logik und Emotion hinausgeht. Ihnen wird bewusst, dass in der einfachen Wahrnehmung der Stille die Freiheit von Doppeldeutigkeit liegt, und zwar unabhängig von der scheinbaren Zerrissenheit, die durch Konflikte entsteht. Sie sehen Harmonie, wo zuvor nur Widerspruch war.

Nun aber genug geredet. Lassen Sie uns loslegen!

Bevor Sie mit der Übung beginnen, suchen Sie bitte nach einer Konfliktquelle in Ihrem Leben, beispielsweise ein Streit mit Ihrem Partner oder Chef (in einigen Beziehungen gibt es da kaum einen Unterschied – kleiner Scherz!). Vielleicht gibt es auch eine politische Entscheidung, die Sie nicht billigen, oder eine Menschenrechtsverletzung. Es kann auch einfach nur um die Frage gehen, ob Sie Ihre Fingernägel nun heute schneiden oder noch ein paar Tage warten sollen.

Sie beginnen, indem Sie sich bequem hinsetzen, die Augen schließen und die Eu-Stille-Technik praktizieren. Bei den ersten Malen werden Sie vielleicht drei bis vier Minuten dazu benötigen. Je lebendiger die Stille in Ihrem Alltagsbewusstsein wird, umso eher werden Sie in der Lage sein, die Münzen-Technik nahezu jederzeit und überall einzusetzen. Sobald Sie der Eu-Stille gewahr sind, können Sie mit der Münzen-Technik beginnen.

Die Münzen-Technik

- Denken Sie im Gewahrsein der Eu-Stille an Ihren Konflikt. Werden Sie der Situation im Allgemeinen gewahr, indem Sie sich einen Überblick über das Problem verschaffen.
- Werden Sie des Problems und der Eu-Stille gewahr.
- Denken Sie nun an die positiven Aspekte Ihres Konflikts. Was ist gut daran?
- Nehmen Sie wahr, welche Gefühle dabei in Ihnen aufsteigen.
- Werden Sie der positiven Aspekte, der Gefühle und der Eu-Stille gewahr.
- Denken Sie an die negativen Aspekte Ihres Konflikts, das, was Sie daran nicht mögen.
- Nehmen Sie wahr, welche Gefühle dabei in Ihnen aufsteigen.
- Werden Sie der negativen Aspekte, der Gefühle und der Eu-Stille gewahr.
- Denken Sie nun an einige Dinge, die Sie tun könnten, um den Konflikt zu lösen. Nehmen Sie sich Zeit und spielen Sie die Möglichkeiten in Gedanken durch, wie eine Art von geführtem Tagtraum. Die Lösungen müssen *nicht* realistisch sein. Gehen Sie spielerisch heran und haben Sie Spaß dabei.
- Werden Sie der Konfliktlösung und der Eu-Stille gewahr.
- Werden Sie der Dinge gewahr, die einer Lösung des Konflikts im Wege stehen.
- Werden Sie der Hindernisse der Konfliktauflösung und der Eu-Stille gewahr.
- Werden Sie zur gleichen Zeit der negativen Seite und der positiven Seite des Konflikts und der Eu-Stille gewahr.

9. Die Münzen-Technik

> – Werden Sie rund eine Minute lang Ihres Eu-Gefühls gewahr (Frieden, Freude, Glückseligkeit usw.).
> – Lassen Sie nun einfach 2 bis 3 Minuten lang die Gedanken schweifen und kehren Sie dabei hin und wieder zur Eu-Stille zurück.

Es ist wichtig, zu wissen, dass das Ziel der Münzen-Technik *nicht* darin besteht, einen bestimmten Konflikt aufzulösen. Stattdessen geht es darum, die Einheit im scheinbar Unterschiedlichen und Widersprüchlichen zu erkennen. Sehen Sie den Unterschied? Wir können nie wissen, wie ein Konflikt sich auflösen wird. Die Kräfte, die auf Situationen einwirken, sind ständig in Veränderung begriffen. Alles unterliegt der fortwährenden Veränderung. Was heute funktioniert, ist morgen nutzlos. Was Ihnen heute eindeutig erscheint, glauben Sie vielleicht morgen nicht mehr. Ist es nicht so? Wenn Sie an Ihr Leben zurückdenken, wie viele Male haben Sie dann vorbehaltlos an die Meinung einer Person oder die Gültigkeit einer Philosophie oder eines Systems geglaubt, nur um einige Zeit später einer gegenteiligen Überzeugung anzuhängen? In der relativen Welt ist nichts verlässlich. Also brauchen wir Konsistenz, etwas, auf das wir bauen können. Das Einzige, das wirklich zuverlässig ist, ist das Nichts – das Nichts der absoluten, bewegungslosen Stille. Das Wahrnehmen der Eu-Stille im Feld der Gegensätze, speziell wenn wir Konflikte sehen, gibt uns diese solide Grundlage. Durch unsere Wahrnehmung des Eu-Gefühls entwickeln wir ein Gefühl von Dauerhaftigkeit und Harmonie inmitten einer Welt sich bekriegender Gegensätze. Die Eu-Stille und ihr liebevolles Kind, das Eu-Gefühl, schaffen für uns diese solide Grundlage.

Sie werden nach jedem Schritt der Münzen-Technik gebeten, der Eu-Stille gewahr zu werden. Das verstärkt Ihr Bewusstsein für die Stille in der Außenwelt und wird dazu beitragen, Sie in erheblichem Maße von Angst, Sorge, Schuldgefühlen, Wut und Trauer zu befreien. Neben dem Gewahrsein der vereinten Präsenz der gesamten Schöpfung wird Ihnen die Münzen-Technik tatsächlich helfen, ganz konkrete Konflikte in Ihrem Leben zu lösen. Wie bereits erwähnt, ist das allerdings nicht das eigentliche Ziel. Wenn Sie die Münzen-Technik durchführen, um dadurch ein bestimmtes Ergebnis zu erzielen, kann der Schuss nur nach hinten losgehen. Wir werden uns im nächsten Kapitel ausführlich mit diesem Thema beschäftigen. Für den Moment jedoch sollten Sie die Münzen-Technik einfach ohne jegliche Erwartung einsetzen. Üben Sie regelmäßig. Sie können die Münzen-Technik am Ende der Eu-Stille-Technik anhängen oder sie einfach dann praktizieren, wenn Ihnen danach ist. Mit ein wenig Übung gelingt sie Ihnen schon bald auch mit offenen Augen und inmitten des Alltagsgeschehens.

Achten Sie darauf, bei der Münzen-Technik genauso vorzugehen wie oben beschrieben. Die Reihenfolge ist wichtig. Zu Beginn müssen Sie vielleicht ein paar Mal innehalten und noch einmal nachlesen, aber Sie werden die Abfolge schon bald im Kopf haben.

Ich möchte Ihnen zusätzlich eine Kurzform der Münzen-Technik vorstellen. Sie können sie mehrfach täglich einsetzen – wann immer Sie am Tag ein wenig Zeit dafür erübrigen können. Auf der folgenden Seite sehen Sie, wie Sie dabei vorgehen.

Die Münzen-Technik (Kurzform)
- Werden Sie der Eu-Stille gewahr.
- Denken Sie an eine Person, einen Ort oder eine Sache.
- Nehmen Sie wahr, was Sie an der Person, dem Ort oder der Sache mögen.
- Werden Sie der Eu-Stille gewahr.
- Nehmen Sie wahr, was Sie an der Person, dem Ort oder der Sache nicht mögen.
- Werden Sie der Eu-Stille gewahr.
- Werden Sie der Person, dem Ort oder der Sache gewahr, ebenso wie den positiven und negativen Eigenschaften und der Eu-Stille – und zwar allen drei gleichzeitig.
- Werden Sie des Eu-Gefühls gewahr.

Ausgerüstet mit der Münzen-Technik und bereit, die Dualität aufzulösen, wann immer sie ihre hässliche Fratze zeigt, fragen Sie sich jetzt wahrscheinlich, warum ich diese Technik die Münzen-Technik genannt habe. Ganz einfach: Der Name bezieht sich auf das Sprichwort, dass jedes Ding zwei Seiten hat. Nehmen wir beispielsweise den Gegensatz von negativ und positiv. Wenn Sie eine Goldmünze hätten, bei der auf der einen Seite ein „N" wie Negativ eingeprägt wäre und auf der anderen Seite ein „P" wie Positiv, dann bestünden doch beide Buchstaben aus Gold, nicht wahr? Jeder steht für etwas anderes, aber in ihrer Essenz sind beide Teil der Münze und hängen von ihr ab. Ohne die Münze gäbe es weder das N noch das P. Ohne die Eu-Stille können Negativität und Positivität nicht existieren. Wenn Sie sich nur auf eine Seite der Medaille konzentrieren, können Sie die Gesamtheit des Lebens nicht schätzen. Mit der Münzen-Technik haben Sie Zugang zur universellen Währung des Lebens und des Liebens. Und nun heißt es nur noch: Ausgeben!

Kernpunkte

- Alles Lebende bedarf der Ruhe.
- Es erfordert jede Menge Energie, in einer Welt der Gegensätze zu leben.
- Das Gewahrsein der Eu-Stille ermöglicht es Ihnen, beide Seiten des Lebens gleichmäßiger zu sehen.
- Wenn Sie der Eu-Stille gewahr sind, wechselt Ihre Sicht vom Wahrnehmen der Gegensätze hin zur Einheit. Sie haften weniger an Dingen und Gedanken an.
- Ein Gewahrsein der Eu-Stille in der Aktivität bringt Harmonie im Inneren und Leichtigkeit und Erfolg im Außen mit sich.
- Die Münzen-Technik wird Ihnen dabei helfen, viele Konflikte in Ihrem Leben zu lösen, aber das sollte nicht das erklärte Ziel sein. Das Auflösen von Konflikten ergibt sich aus der Wahrnehmung des einenden und harmonisierenden Einflusses der Stille zwischen den Gegensätzen.
- Praktizieren Sie die Münzen-Technik regelmäßig. Mit ein wenig Übung werden Sie in der Lage sein, sie jederzeit und überall anzuwenden.

KAPITEL 10

Das geheime Leben der Transcender

Selbstverwirklichung ist das wahre Wachstum dessen, was sich bereits im Organismus befindet oder, genauer gesagt, dessen, aus dem er besteht.

Abraham Maslow

Sie leben mitten unter uns – ruhige, bescheidene und machtvolle Wesen. Sie unterliegen anderen Gesetzmäßigkeiten als Sie und ich und sie infizieren die Bevölkerung heimlich, still und leise mit unkonventionellen Lebensformen und ungewöhnlichen Einsichten. Sie sind sowohl Teil von uns als auch eine Gruppe für sich. Kennt man den Code nicht, sind sie unmöglich zu entschlüsseln. Ihr Chef könnte einer sein. Oder Ihre Nachbarin. Oder sogar Sie selbst! Die Menschen, von denen ich spreche, nennt man Transcender.

Ich weiß, das Ganze klingt ein wenig so, als stamme es aus einem zweitklassigen Science-Fiction-Film, aber es ist tatsächlich wahr. Es gibt Menschen, die von außen gesehen genauso aussehen und klingen wie wir, aber in ihrem Inneren, dort wo ihre Gedanken, ihre Beweggründe und ihre Liebe zum Leben geschmiedet werden, sind sie anders. In jeder Generation gibt es Transcender, die die Menschheit hinsteuern zu einer tieferen Erkenntnis dessen, was wir sind und was wir sein könnten.

Der Begriff „Transcender" stammt ebenso wie die zugehörige Definition von Abraham Maslow, einem Psychologen des 20. Jahrhunderts. Vielleicht haben Sie zu Schulzeiten schon einmal von Ihm gehört. Am bekanntesten ist er für seine Bedürfnispyramide, welche davon ausgeht, dass wir zunächst unsere Grundbedürfnisse befriedigen müssen, bevor wir uns „Höherem" widmen können. Wenn beispielsweise Ihr Boot gekentert ist und Sie kurz vor dem Ertrinken stehen, machen Sie sich keine Gedanken über einen besseren Arbeitsplatz. Das körperliche Bedürfnis zu atmen, also zu überleben, hat Vorrang vor dem Sicherheitsbedürfnis, das zum Überleben benötigte Geld zu verdienen.

Nehmen wir uns an dieser Stelle doch einen Moment Zeit, um Ihr Gedächtnis ein wenig aufzufrischen, denn diese Hierarchie kann Ihnen helfen, zu verstehen, auf welcher Ebene Sie sich womöglich gerade befinden und wozu Sie in der Lage sind. Wir werden dieses Bild davon, woher Sie kamen, wo Sie sich befinden und wohin Sie gehen, später noch bei einem Blick auf die Transformationstheorie von George Land vertiefen. Nun kann es zwar beruhigend oder auch hilfreich sein, zu wissen, wohin Sie gehen. Wichtiger noch ist aber die Frage, wie Sie Ihr größtmögliches Potenzial entfalten können. Aus diesem Grund lesen Sie dieses Buch. Und hier kommt die Eu-Stille-Technik ins Spiel, denn sie schafft die Verbindung zwischen Theorie und Praxis.

Maslows Bedürfnispyramide
(von unten nach oben)
- Physiologische Grundbedürfnisse: Atmen, Nahrung, Wasser, Sex, Schlafen, Homöostase (Selbstregulation des Körpers), Ausscheidung
- Sicherheitsbedürfnisse: Körper, Arbeitsplatz, Ressourcen, Moral, Familie, Gesundheit, Eigentum
- Liebe/Zugehörigkeit: Freundschaft, Familie, sexuelle Nähe

- Anerkennung: Selbstachtung, Selbstvertrauen, Erfolg, anderen Respekt zollen, von anderen respektiert werden
- Selbstverwirklichung: Moral, Kreativität, Spontaneität, Problemlösung, Freiheit von Vorurteilen, Akzeptanz von Fakten

Das ist aber noch nicht alles, und ich bin mir sicher, dass Sie den nächsten Teil lieben werden. Sozusagen parallel zur ansteigenden Pyramide der Bedürfnisse gibt es nämlich auch eine „Pyramide des Nörgelns". Nörgeln ist eine Art von Klagen auf niedrigem Niveau. Meist nörgeln wir, wenn wir das Gefühl haben, dass etwas fehlt oder geändert werden müsste. Maslow glaubt, dass das Nörgeln zum Menschen gehört. Wir können also bestimmen, auf welcher Stufe der Bedürfnispyramide ein Mensch sich befindet, indem wir uns anhören, in welcher Form er seine Frustration äußert. Sie werden auch Ihre eigenen Fortschritte daran nachvollziehen können. Sind die Bedürfnisse der unteren Ebenen befriedigt, jammert man auf einem höheren Niveau. Ist das nicht ein interessantes Konzept? Und ja, selbst Transcender nörgeln. Aber schauen wir uns doch zunächst einmal die verschiedenen Ebenen des Nörgelns an.

Nörgeln auf niedriger Stufe: körperliche Bedürfnisse und Sicherheitsbedürfnisse

- Überleben – Nahrung, Unterkunft, Kleidung, Krankheit, Demütigungen, Beleidigungen, Vorurteile, Grausamkeit, Tod, Grundthema: Überleben
- Sicherheit – Probleme bei der Arbeit, finanzielle Probleme, Zukunftsplanung, Demütigungen, Beleidigungen, Vorurteile, Grausamkeit, Grundthema: Sicherheit

Nörgeln auf höherer Stufe: Zugehörigkeit und Selbstachtung
- Zugehörigkeit – missverstanden oder beschuldigt werden, Einordnung nach ethnischer Zugehörigkeit oder Geschlecht, sich mit anderen vergleichen
- Selbstachtung – Würde, Selbstachtung, Respekt für andere, Autonomie, Selbstwertgefühl, Lob und Belohnungen, Anerkennung für geleistete Arbeit

Nörgeln auf höchstem Niveau: Selbstverwirklichung / Transcender
- Selbstverwirklichung – fehlende Effektivität beim freien Arbeitsfluss, fehlerhafte Informationen oder Kommunikation
- Transcender – Bedürfnis nach Wahrheit, Perfektion, Schönheit, Unvollkommenheit der Welt, Ungerechtigkeit anderen gegenüber

Es ist diese letzte oder höchste Stufe menschlicher Bedürfnisse, die uns hier interessiert. In welcher Welt lebt ein Mensch, der sich selbst verwirklicht? Er erlebt tiefe Momente der Liebe, des Verstehens, des Glücks und der Seligkeit. Er fühlt sich lebendig, heil und im Einklang mit der universellen Harmonie. Er wertschätzt aus sich heraus Güte, Wahrheit und Fairness. Ihm ist bewusst, dass alles genau so perfekt ist, wie es ist. Maslow nennt diese Erfahrungen „B-Werte", wobei das „B" für das englische „Being" steht. Es geht also um „Seinswerte", ein Gefühl des Einsseins beziehungsweise der Grenzenlosigkeit. Ein anderes Wort für Sein ist bewegungslose Stille, ein Begriff, mit dem Sie ja mittlerweile vertraut sind. Wie Sie sehen, sind Sie bereits dabei, etwas für Ihre Selbstverwirklichung zu tun.

Innerhalb der Gruppe der Selbstverwirklicher gibt es unterschiedliche Erfahrungsgrade. Einige Menschen erleben die

Seinswerte nur selten oder kurz. Man könnte sie selbstverwirklichende Nicht-Transcender nennen. Diese Menschen sind realistisch, offen, spontan, natürlich, problemfokussiert, brauchen ihre Privatsphäre, sind innerlich mit sich zufrieden und haben Gipfelerlebnisse. Als Beispiele für diese Gruppe führt Maslow Eleanor Roosevelt, Harry Truman und Dwight D. Eisenhower an.

Das Gipfelerlebnis ist einzigartig im Bereich menschlicher Erfahrungen und wird häufig auch als „spirituelle Erfahrung" bezeichnet. Wenn Sie ein Gipfelerlebnis haben, sind Sie erfüllt von Grenzenlosigkeit, Ekstase, Staunen und Ehrfurcht. Das Gefühl für Raum und Zeit verschiebt sich. Sie können sich gleichzeitig machtvoll, hilflos und vom Universum getragen fühlen – alles geht auf in der wunderbaren Erkenntnis, dass Sie sowohl Teil der Welt sind als auch außerhalb von ihr stehen.

Nehmen Sie sich einen Moment Zeit und denken Sie zurück an die Erfahrungen, die Sie beim Üben der bislang aus diesem Buch erlernten Techniken hatten. Hatten Sie zeitweise ein Gefühl der Grenzenlosigkeit oder war Ihr Gefühl von Raum und Zeit anders als sonst? Ganz sicher trifft das auf den Moment zu, in dem Sie mithilfe der Nichts-Technik über Ihre Gedanken hinaus blickten. Und wie erging es Ihnen, als Sie die Eu-Gefühl-Technik nutzten? Erinnern Sie sich an ein Gefühl von Frieden oder Freude oder bedingungsloser Liebe? Vielleicht fühlten Sie sich genährt oder beschützt, als hätten Sie aus dem Chaos des täglichen Lebens heraus Ihre eigene sichere Welt betreten. Vielleicht verspürten Sie ein Gefühl großer Weite, einer existierenden und nicht ausgedrückten Kraft. Die Dinge um Sie herum fühlten sich möglicherweise lebendiger an, sanfter, freundlicher. Vielleicht haben Sie auch in sich die universelle Stille gespürt, die Ihnen das Gefühl von Zufriedenheit mit sich selbst und Ihrem Platz im Universum gab. Oder Sie nahmen einfach ein überwältigendes Gefühl von Wohlbefinden und „Vollkommenheit" wahr.

Vielleicht haben Sie nur eine der genannten Erfahrungen gemacht und vielleicht hat diese Erfahrung auch nur einen kurzen Moment lang angehalten, aber dennoch haben Sie damit mehr erlebt als rund 99 Prozent der Menschheit. Jedes Mal, wenn Sie Eu-Stille erleben, stoßen Sie die Tür zum Licht der Erleuchtung, der Realität des vollkommenen Menschseins, ein Stückchen weiter auf. Maslow schätzte, dass die Selbstverwirklicher etwa ein halbes bis maximal zwei Prozent der Weltbevölkerung ausmachen. Dabei ging Maslow eher von dem halben Prozent aus, aber ohne exakte Messmöglichkeit bleibt dies natürlich Spekulation.

Seine Theorien stellte Maslow vor rund 70 Jahren auf, aber die Idee der Selbstverwirklichung ist fast so alt wie die Menschheit selbst. Sie verbirgt sich hinter vielen verschiedenen Namen: Selbstwahrnehmung, Selbstbewusstheit, Erleuchtung, Nirvana, Bodhi, Satori, Moksha, ja, sogar Eu-Stille, aber der wohl bekannteste und am häufigsten verwendete Begriff ist Erleuchtung. Wenn ich mich auf Maslows Werk beziehe, werde ich von Selbstverwirklichung sprechen, in anderen Kontexten von Erleuchtung oder Eu-Stille. Genau wie Maslow sagte, gibt es verschiedene Grade der Selbstverwirklichung oder Erleuchtung. Ich werde diese Spielarten höherer Wahrnehmung im nächsten Kapitel genauer definieren. Für den Moment wollen wir uns mit dem Wert dieser höheren Form menschlicher Existenz beschäftigen. Dazu kehren wir zu Maslows Gipfelerlebnissen zurück.

Gipfelerlebnisse lösen neurotische Symptome auf und ermöglichen es Ihnen, sich selbst auf angemessene Weise zu betrachten. Wenn Sie sich selbst verwirklichen, sehen Sie andere Menschen und Ihre Beziehung zu ihnen auf gesunde Weise. Gipfelerlebnisse lösen Spontaneität, Ausdruckskraft und Kreativität aus. Sie helfen Ihnen, das Leben im Allgemeinen als ganzheitlicher und lohnender zu betrachten. Wie Sie vielleicht bereits herausgefunden haben, fördert der Einsatz der Eu-Stille-Technik und der Münzen-Technik das Auftreten von Gipfelerlebnissen.

Wenn jemand ein Gipfelerlebnis hat, das eine ganze Weile anhält, spricht man von einem Plateau. Solche Erfahrungen können über Stunden, Tage oder sogar Monate andauern. Menschen, die solche Erfahrungen haben, bezeichnet man als Transcender. Transcender verkörpern die Essenz und die Endstufe der Menschheit, zumindest im jetzigen Stadium unserer Entwicklung. Sie sind subtilere, sanftere Seelen, erfüllt von der Stille des Seins. Wie Leuchttürme weisen sie einer Generation den Weg und sind zugleich wie Felsen, an denen die Unwissenheit der meisten Menschen zerbirst. Die meiste Zeit hindurch sind sie unauffällig und beeinflussen unsere Welt mehr durch ihre Einsichten denn durch lautstarke Proklamationen und Demonstrationen. Ihr Auftreten ist nicht auf bestimmte Kulturen, Regionen, Bildungsebenen, Religionszugehörigkeiten oder ethnische Gruppen beschränkt. Sie werden im Geschäftsleben ebenso viele von ihnen finden wie unter Intellektuellen, Dichtern und geistigen Führern. Die Beispiele, die Maslow für das 20. Jahrhundert anführt, sind Aldous Huxley, Albert Schweitzer, Martin Buber und Albert Einstein. Das Folgende ist ein übersetzter Auszug aus Maslows posthum veröffentlichten Buch *The Farther Reaches of Human Nature* (keine deutsche Fassung erhältlich; Anm. d. Übers.).

Eigenschaften der Transcender

- Für Transcender werden Gipfel- und Plateau-Erlebnisse zum Wichtigsten in ihrem Leben.
- Sie sprechen die „Sprache des Seins" auf leichte, natürliche und unbewusste Weise.
- Sie sehen das Heilige im Gewöhnlichen.
- Sie werden wesentlich bewusster und wissentlicher von Wahrheit, Schönheit, Güte und Einheit motiviert.

- Sie scheinen einander irgendwie zu erkennen, was bereits beim ersten Treffen für Nähe und gegenseitiges Verständnis sorgt.
- Sie sind empfänglicher für Schönheit.
- Sie sehen die Welt ganzheitlicher. Auf unsere „normale", begrenzte oder unreife Weise zu denken, ist ihnen möglich, bedarf aber einer bewussten Anstrengung.
- Sie sind liebenswert, werden verehrt und man denkt automatisch: „Was für ein großartiger Mensch."
- Sie sind Entdecker, Wegbereiter des Neuen. Transzendierende Erfahrungen und Erkenntnisse bringen eine klarere Sicht der Werte des Seins.
- Sie neigen zu einer Art kosmischer Traurigkeit über die Dummheit der Menschen, die sich in Selbsttäuschung, Blindheit, Kurzsichtigkeit und Grausamkeit anderen gegenüber äußert.
- Mysterien sind attraktiv und spannend, sie machen keine Angst. Transcender neigen dazu, Dinge, die allgemein bekannt sind, langweilig zu finden.
- Transcender haben weniger Probleme mit dem „Bösen". Sie haben ein größeres Mitgefühl damit und kämpfen unnachgiebiger dagegen an.
- Transzendenz bringt einen „transpersonalen" Verlust des Ego mit sich.
- Transcender neigen eher dazu, tief gehend spirituell zu sein, verbunden mit dem Glauben an Gott oder auch nicht.
- Es fällt ihnen leichter, das Ego zu überwinden. Sie besitzen starke Identitäten, wissen wer sie sind, wohin sie gehen, was sie wollen, zu was sie gemäß ihrer eigenen wahren Natur gut sind.
- Sie sind ein bisschen wie Kinder, die durch die das Schillern einer Pfütze, einen am Fenster herabrinnenden Regentropfen, eine sanfte Berührung oder die Bewegungen einer Raupe in den Bann gezogen werden.

- Sie sehen die Dinge auf wundersamere, perfektere Weise, und alles erscheint immer in natürlicher Ordnung.
- Sie erleben im Vergleich zur üblichen Mixtur aus Liebe und Hass, die gemeinhin unter den Begriffen von Liebe, Freundschaft, Sexualität oder Macht verstanden wird, eine rückhaltlosere und konfliktfreiere Liebe, Akzeptanz und Ausdruckskraft.
- Sie suchen sich unter Umständen bewusst Berufe, die Gipfelerlebnisse und das Erkennen des Seins wahrscheinlicher machen. Sie verbinden Arbeit und Spiel. Sie werden für das bezahlt, was sie auch als Hobby tun würden – eine Arbeit, die sie von innen heraus befriedigt.

Noch einmal kurz zu den Begrifflichkeiten:
- Nicht-Transcender: Mitglieder einer Gruppe, die unterhalb der Ebene der Selbstverwirklichung stehen; haben niemals oder selten Gipfelerlebnisse
- Selbstverwirklicher: Erste Stufen der Selbstverwirklichung; Gipfelerlebnisse
- Transcender: Höchste Ebene der Selbstverwirklichung. Plateau-Erlebnisse; schließt Selbstverwirklicher mit ein

Wenn wir Maslows Hierarchie betrachten, die von den körperlichen Bedürfnissen zu denen der Wertschätzung ansteigt, kann man sagen, dass Nicht-Transcender von Mangel getrieben werden. Den Nicht-Transcender plagt ein Verlustgefühl, als würde etwas Entscheidendes in seinem Leben fehlen, das er nicht beschreiben kann. Dieses Verlustgefühl tritt selten offen in Erscheinung. Wenn doch, so äußert es sich meistens in der Frage: „Soll das alles gewesen sein?" In der Regel bleibt diese Sehnsucht im Verborgenen, von wo aus sie jeden Gedanken, jedes Wort und jede Handlung des Nicht-Transcenders belauert. Bei vielen äußert sich der Mangel in Form von zwanghafter Aktivität und hektischen Bemühungen, die Leere mit Freunden und Besitztümern, Geld und Macht zu füllen. Die Folge sind ganze Nationen, in denen es von Arbeitsbesessenen nur so wimmelt, alles natürlich im Namen des Fortschritts. Andere spüren diese hoffnungslose Leere und verlieren ihre Motivation. Sie bleiben „Durchschnitt" und leben ein unauffälliges, mittelmäßiges Leben. Manche werden auch depressiv, sind verstört und beginnen, sich gegen die Gesellschaft zu wenden. Je weiter wir uns von unserem Selbst (der Eu-Stille) entfernen, umso kränker werden wir und umso abwegiger und hektischer wird unser Verhalten.

Was also haben Transcender, was andere nicht haben? Kurz und bündig gesagt, den Nicht-Transcendern fehlt das Gewahrsein für die stille Seite des Lebens, ihre innere, unbegrenzte Essenz. Ihnen fehlt das Gewahrsein der Eu-Stille. Ihr Streben ist nach außen gerichtet und dreht sich um den Besitz genau jener Dinge, welche die unermessliche Leere noch größer erscheinen lassen. Selbst wenn sie beschließen, dass sie innere Stille erfahren wollen, fallen sie über diese her wie ein Hund über einen Knochen. Sie sehen die Stille nicht als eine absichtslose Wahrnehmung, sondern stürmen auf sie los, als ob sie ein Objekt wäre, das man besitzen kann. Den meisten Nicht-Transcendern fehlt sowohl die Geduld als auch das Interesse daran, ihr Innenleben zu erforschen. Diejenigen, die es trotzdem tun, stecken aufgrund von falschen Deutungen oder fehlerhaften Anleitungen viel Zeit und Mühe in einen Prozess, der nicht nur natürlich ist, sondern auch sofort erreicht werden kann. Selbst nachdem sie Jahre in ihre Selbstverwirklichung investiert haben, sind nur magere Fortschritte in diese Richtung zu erkennen. Die Eu-Stille-Technik lässt die ganze Mühe und Anstrengung hinter sich, die herkömmlicherweise mit Meditation oder anderen Techniken der Selbstverwirklichung verbunden ist. Nun kann jeder dort ansetzen, wo er oder sie sich gerade befindet, und sofort ein Gipfelerlebnis haben. Wenn sich das Gewahrsein für die Essenz öffnet, beginnt die Eu-Stille die

Leere im Leben mit Stille zu füllen, und Ihre Wahrnehmung für die Schönheit zu öffnen, die wir sind. Für ein paar Momente, vielleicht auch Stunden, werden wir zu Transcendern. Und wenn unsere Liebesbeziehung zur Eu-Stille anhält, blühen wir weiter auf. Ganz gleich, von wo aus Sie starten – die Eu-Stille-Technik kann mit Leichtigkeit und im Handumdrehen in Ihren Tagesablauf integriert werden und die Eu-Stille hält in Ihrem Leben Einzug.

Meiner Meinung nach werden zu diesem Zeitpunkt unserer Evolution die meisten Transcender bereits als solche geboren. Schon wenn sie auf die Welt kommen, strahlt ihr inneres Licht aus ihnen. Meist wissen sie nicht, was sie sind und über welche Kräfte sie verfügen. Sie glauben, wie alle anderen zu sein. Wie sollten sie auch etwas anderes annehmen? Ihre Eltern, Lehrer und viele Gleichaltrige sind vermutlich Nicht-Transcender. Dadurch lernen sie, das Leben nicht aus der Fülle heraus, sondern vom Blickpunkt des Mangels aus zu sehen. Sie liegen mit sich selbst im Widerstreit und wissen nicht warum. Sie haben das Gefühl, anders zu sein und entwickeln eine Art Hassliebe-Beziehung zu anderen. Sie lieben und bekommen im Gegenzug die Angst und den Schmerz, die Nicht-Transcender ihnen ungewollt zufügen. Bei aller Bescheidenheit denken sie häufig: „Wenn andere nur mehr wie ich sein könnten, wäre die Welt ein wunderbarer Ort." Und sie haben recht.

Für einige von Ihnen wird allein das Lesen dieser Worte wie kühles Wasser für den Wanderer in der Wüste sein. Sie bringen große Erleichterung und Freude. Wenn man weiß, warum man so sehr zu kämpfen hatte, bringt das bereits große Freiheit. Nun wissen Sie, warum Sie immer schon das Gefühl hatten, gegen den Strom zu schwimmen. Nun können Sie mit den Versuchen aufhören, so zu sein, wie andere Sie haben wollen. Und Sie können beginnen, auf die leisen inneren Stimmen von Liebe und Harmonie zu hören, die Sie seit Ihrer Kindheit versucht haben auszublenden. Sie sind nicht krank, verrückt oder merkwürdig.

Sie müssen sich nicht länger vor Ihrem Selbst verstecken. Vielmehr öffnen Sie sich jetzt Ihrem inneren Licht und werden, zu Anfang vielleicht zaghaft, aber mit großer Intensität beginnen, uns alle an seinem Strahlen teilhaben zu lassen.

Wenn Sie die Techniken in diesem Buch üben und die Eu-Stille in Ihrem Gewahrsein immer lebendiger wird, werden Sie sich wohler mit sich selbst fühlen. Sie gewinnen an Selbstvertrauen und haben seltener das Gefühl, sich verteidigen zu müssen. Mitgefühl und Empathie werden in Ihnen aufkommen und sich in Form von Geduld und Wertschätzung für die Menschheit äußern. Wenn Sie ab und an die oben stehende Liste der Eigenschaften von Transcendern durchlesen, werden Sie feststellen, dass sich immer mehr dieser Punkte bei Ihnen einschleichen. Ihre Welt wird so sein wie immer, nur reicher, unterstützender und freundlicher. Sie werden nicht länger versuchen, Eu-Stille mit Gewalt herbeizuführen, sondern sie einfach als das genießen, was sie ist: eine reine Widerspiegelung Ihrer eigenen inneren Fülle.

Mit zusätzlicher Energie und einer gesunden Portion universeller Liebe der Art, die keines besonderen Ausdrucks bedarf, werden Sie ganz von sich aus den Drang haben, anderen zu helfen. Das Helfen gibt uns nicht nur positive Erfahrungen. Vielleicht wurden Sie schon einmal enttäuscht und haben es aufgegeben, andere zu unterstützen. Schließlich ist das Leben vieler von Angst gesteuerten Nicht-Transcendern von fehlender Harmonie und Unruhe geprägt. Man muss sich nur im eigenen Land und überall sonst auf der Welt umschauen. Trotz des ungeheuren Potenzials, das die Menschheit aufweist, erzeugen wir immer noch so viele Konflikte und so viel Leid. Verstehen Sie mich nicht falsch. Ich versuche hier nicht, die negativen Seiten der Menschheit herauszustellen. Darum geht es nicht. Ein Transcender sorgt durch seine bloße Existenz schon für mehr Harmonie in der Menschheit. Sollten Sie an meinen Worten zweifeln, möchte ich Sie nur an die heilsame Wirkung erinnern, die Sie erzielten, als Sie der Eu-Stille gewahr waren. Transcender sind wie Umwandler. Sie werden ihrer inneren Essenz gewahr und reflektieren sie nach außen in die Welt. Sie müssen kein Transparent hochhalten und keine Proklamation verfassen. Sie müssen nicht einmal Ihr Haus verlassen. Die Kohärenz, die Sie erzeugen, wenn Sie der Eu-Stille gewahr sind, strahlt über alle Arten von Grenzen hinweg und beeinflusst alle, für die Selbstverwirklichung ein Fremdwort ist.

Die Eu-Stille-Technik ist für alle Nicht-Transcender wertvoll. Aber je niedriger die Ebene von Maslow Bedürfnispyramide ist, auf die wir uns begeben, umso weniger Wert wird der Eu-Stille beigemessen. Wenn ein Bär Sie auf einen Baum jagt, werden Sie wenig Zeit für Eu-Stille finden. Auch Menschen, die nicht wissen, wo ihre nächste Mahlzeit herkommt oder die sich ungeliebt und nicht beachtet fühlen, bringen meist nur wenig Interesse für etwas auf, das dermaßen abstrakt und unpraktisch erscheint. Interessanterweise kann das Gewahrsein für Eu-Stille erheblich dazu beitragen, finanzielle Probleme zu überwinden oder seinen inneren Selbstwert zu erkennen. Wie viele meiner Leser entdeckt haben, hilft die Eu-Stille-Technik sehr dabei, das Bedürfnis nach Anerkennung und Wertschätzung zu stillen und sie auf den Pfad zur Selbstverwirklichung zu bringen. Aber es kommt sogar noch besser. Wenn andere die Eu-Stille-Technik nicht selbst einsetzen möchten, können Sie es für diese Menschen tun, zumindest eine Zeit lang. Während der Eu-Stille-Sitzung können sie offen für ein Gipfelerlebnis sein, aber am Ende werden sie die Eu-Stille für sich selbst erfahren müssen. Wenn Sie die Eu-Stille-Technik für jemand anderen anwenden, ist das eher eine Art temporäre Notlösung. Die gute Nachricht ist, dass Sie dabei stets mehr bekommen, als Sie geben.

Allein anhand von Handlungen oder Absichten kann man einen Transcender übrigens nicht erkennen. Versuchen Sie nicht krampfhaft festzustellen, ob jemand ein Transcender ist oder nicht. Solche Aktionen werden häufig vom Ego gesteuert und tragen keine Früchte. Bertrand Russell pflegte zu sagen, dass man beim Vergleich seiner selbst mit anderen entweder ein falsches Gefühl von Sicherheit oder Unsicherheit erntet – und keines dieser Gefühle bringt einen weiter. Ihr Ziel sollte sein, die Stille in Ihre Handlungen und Absichten einfließen zu lassen. Seien Sie bereit dort zu helfen, wo Sie es können, aber lassen Sie ansonsten jeden seinen eigenen Entwicklungsweg gehen. Das ist in der Regel am besten.

Je größer Ihre Selbstliebe wird, umso mehr werden Sie diese reine Wahrnehmung mit anderen teilen wollen. Aus meiner Sicht liegt das beste Geschenk, das man einem Menschen machen kann, darin, ihn mit seinem eigenen Selbst bekannt zu machen und seine Wahrnehmung über das Alltägliche hinaus zu einer Welt voller Wunder zu erheben. Ich rede hier beileibe nicht von einer esoterischen Lehre, die nur einigen wenigen Auserwählten offensteht. Die Eu-Stille-Technik ist so einfach, schnell und praktisch, dass sie stets nur einen Gedanken weit entfernt ist – selbst nachdem Sie gerade einem Bären entkommen sind. Wie ein Magnet, den man über eine Ansammlung von Eisenspänen führt, bringt die Eu-Stille Ordnung in Ihre zerstreuten Gedanken, beruhigt den Geist und bringt den Körper in Einklang. So sind Sie besser gewappnet, den Klauen jedes Dilemmas zu entkommen.

Ich finde, wir kommen recht gut voran, nicht wahr? Bevor wir nun die drei Phasen der Transformation betrachten, die alles Lebendige durchlaufen muss, um zu wachsen und zu gedeihen, und bevor Sie lernen, wie Sie diese drei Stufen auf Ihr eigenes Leben anwenden, werden wir im nächsten Kapitel einen kurzen Blick auf die sechs Ebenen des Bewusstseins werfen. Speziell die beiden letzten Ebenen werden wir genauer betrachten, denn sie entsprechen der Wahrnehmung, die Transcender haben. Also auf zum nächsten Kapitel!

Kernpunkte

- Die „Gipfelerlebnisse" von Selbstverwirklichern sind tief gehende Momente von Liebe, Verständnis, Glück und Seligkeit. Durch ihr „Sein"-Gewahrsein wissen sie, dass alles stets perfekt ist, genau wie es ist.

- Das Erfahrungsspektrum reicht von den eher kurzen und seltenen Gipfelerlebnissen, die Selbstverwirklicher erleben, bis hin zu den lang anhaltenden Plateau-Erfahrungen der Transcender.

- Die Eu-Stille-Technik fördert das Auftreten von Gipfel- und Plateau-Erlebnissen.

- Mehr als 99 Prozent der Weltbevölkerung sind mangelorientiert und werden von Frustration und Angst gesteuert.

- Weniger als ein Prozent der Weltbevölkerung sind Transcender, die von Wahrheit, Schönheit und Einheit motiviert werden. Sie sind liebenswerte Erneuerer und Entdecker, die das Heilige im Alltäglichen entdecken.

- Die Eu-Stille-Technik ist eine neue Technik mit alten Wurzeln, die allen Menschen die Möglichkeit eröffnet, zu Transcendern zu werden.

Kapitel 11

Die Wissenschaft der Erleuchtung: Wie man gänzlich Mensch wird

Andere erkennen ist weise.
Sich selbst erkennen ist Erleuchtung.
Laotse

Sie sitzen in einem dunklen Raum. Ihr Fenster ist weit in die Nacht hinein geöffnet und es ist kurz vor Sonnenaufgang. Als das erste schwache Licht der nahenden Dämmerung in Ihr Zimmer dringt, blicken Sie auf den Boden zu Ihren Füßen und sehen eine zusammengerollte, angriffsbereite Schlange. Ihnen stockt der Atem. Ist die Schlange gefährlich? Ist es womöglich sogar eine Giftschlange? Ihre Muskeln spannen sich an und Sie bereiten sich darauf vor, aufzuspringen und zu fliehen. Da schießt Ihnen der Gedanke durch den Kopf, dass die Schlange womöglich zuschlägt, wenn Sie sich bewegen. Also bleiben Sie stocksteif sitzen und wagen kaum zu atmen. Mit dem ersten Morgenlicht, das kurz darauf ins Zimmer dringt, sehen Sie den Kopf der Schlange und auch, dass sie Sie nicht direkt anblickt. Ihre Muskeln entspannen sich ein wenig und Sie atmen tiefer. Dann erhebt sich die Sonne über den Horizont und flutet den Raum mit goldenem Licht. Nun erkennen Sie, dass die Schlange in Wirklichkeit bloß ein aufgerolltes Seil ist. Eine Welle der

Freude und Erleichterung durchflutet Ihren Körper und Ihre Angst ist verflogen. Sie erfreuen sich an der einfachen Tatsache, dass Sie noch am Leben sind.

Was Sie in diesen wenigen Minuten erlebt haben, in denen die Dunkelheit langsam dem Licht wich, war eine Achterbahnfahrt vom niedrigsten körperlichen Überlebensbedürfnis bis hin zum Hochgefühl der transzendierenden Selbstverwirklichung. Wodurch wurde diese Entwicklung ausgelöst? Während das Licht immer weiter zunahm, haben Sie Ihren Zustand ständig intensiv wahrgenommen. Die Geschichte des aufgerollten Seils steht sinnbildlich für Ihre eigene psychologische Evolution, aber sie enthält auch alle Zutaten für vollständige Transzendenz, Wahrnehmung und Bewusstheit.

Bewusstheit und Wahrnehmung ändern sich mit dem jeweiligen menschlichen Bewusstseinszustand. Von beiden nimmt die Bewusstheit den wichtigeren Platz ein. Stellen Sie sich einmal vor, ohne Bewusstheit zu sein. Was hätten Sie dann? Die Antwort liegt auf der Hand: Nichts. Ohne Bewusstheit wären Sie nicht in der Lage, etwas wahrzunehmen. In unserem Beispiel mit dem aufgerollten Seil nehmen Sie größtenteils über das Sehen wahr. Die Bewusstheit ist für das Sein wie das Licht für das Sehen. Ohne Licht sehen wir nichts. Ohne Bewusstheit existieren wir nicht. Aus diesem Grund wollen wir uns nun mit den sechs Ebenen der Bewusstheit beschäftigen sowie damit, wie sie sich gegenseitig beeinflussen und auf Ihre Lebensqualität einwirken.

Die sechs grundlegenden Bewusstseinszustände sind Wachheit, Träumen, Tiefschlaf, reines Gewahrsein, Eu-Gewahrsein und Eu-Stille-Gewahrsein. Jeder Zustand unterscheidet sich vom anderen und folgt eigenen körperlichen und geistigen Regeln. Für die vier ersten – von der Wachheit bis zum reinen Gewahrsein – gilt, dass Sie jeweils nur einen dieser Zustände gleichzeitig erleben können. Wenn Sie wach sind, schlafen Sie nicht, wenn Sie träumen, befinden Sie sich nicht im reinen

Gewahrsein. Unterformen wie Tagträume und Hypnose sind lediglich Varianten und zählen nicht zu den Hauptzuständen.

Aber sehen wir uns doch zunächst die ersten drei Formen an: Wachzustand, Träumen und Tiefschlaf. Hierzu muss nicht viel gesagt werden, da jeder gesunde Mensch diese Bewusstseinszustände regelmäßig erlebt. Was vielen allerdings nicht klar ist, ist der mit ihnen einhergehende körperliche Aspekt. Wenn Sie beispielsweise im Wachzustand sind, sind Geist und Körper aktiv. Im Tiefschlaf pausiert Ihr Verstand und Ihr Körper verweilt in einem tiefen Ruhezustand. Während des Träumens wiederum befinden Sie sich in einem Stadium zwischen Wachzustand und Tiefschlaf. Ihr Verstand ist nicht so aktiv wie im Wachzustand, aber dennoch aktiver als im Zustand des Tiefschlafs. Gleiches gilt für Ihren Körper: Er ist ausgeruhter als im Wachzustand, aber nicht so ausgeruht, wie dies im Tiefschlaf der Fall ist.

Die reine Bewusstheit wurde klinisch von Dr. Robert Keith Wallace entdeckt. Im März 1970 veröffentlichte er einen Artikel in der Zeitschrift *Science*, in dem er die Existenz der reinen Bewusstheit nachwies. (Wallace bezeichnete sie als „schlaflosen hypometabolischen physiologischen Zustand", aber ich denke, wir werden für unsere Zwecke den Begriff der reinen Bewusstheit beibehalten.) Im Vergleich zu den drei ersten Zuständen der Wachheit, des Träumens und des Tiefschlafs ist die reine Bewusstheit, die ich manchmal auch als reines Gewahrsein bezeichne, einzigartig. Wenn Sie der reinen Bewusstheit gewahr sind, ist Ihr Geist vollkommen still und doch sind Sie hellwach und Ihr Körper ist ausgeruhter als im Tiefschlaf. Aus diesem Grund haben Sie auch, als Sie die Nichts-Technik praktizierten und für einen kurzen Moment reines Gewahrsein erlebten, so schnell Entspannung und inneren Frieden gefunden. Geistige Führer jedes Zeitalters sahen reines Gewahrsein als essenziellen Bestandteil spirituellen Wohlbefindens an. Aber das ist erst der Anfang auf dem Weg zum Transcender, zum vollständigen Menschsein.

Ich habe eine einzigartige und schnelle Möglichkeit entdeckt, wie man den Wachzustand übergangslos mit dem reinen Gewahrsein zusammenfließen lassen kann, um einen fünften Hauptzustand zu erschaffen. Für Sie hat dieser Zustand den Vorteil, dass Sie sich eines hellwachen Verstands und entspannten, ausgeruhten Körpers erfreuen können, während Sie Ihren täglichen Geschäften nachgehen. Es ist so, als befänden Sie sich in einem leicht meditativen Zustand, während Sie Schokocreme und Karotten in Ihren Einkaufswagen laden, Ihre Zähne putzen, mit den Nachbarn plaudern oder Ihre Kontoauszüge prüfen. Keine Angst, Sie werden keinesfalls zu einer Art „Zen-Zombie". Das Gegenteil ist der Fall. Sie werden zugänglicher, ansprechbarer, lebendiger. Anstatt mit sich selbst darüber zu debattieren, ob Sie etwa Bestimmtes tun sollen oder nicht, haben Sie einfach Spaß daran, Sie selbst zu sein. Sie hüpfen von der Stufe der Bedürfnispyramide, auf der Sie sich befinden, unmittelbar in die ersten Stadien der Selbstverwirklichung. Und erfahren dort stärkere Klarheit und eine vertiefte Wahrnehmung. Ich nenne diesen fünften Hauptbewusstseinszustand Eu-Gewahrsein.

Eu-Gewahrsein ist nichts Neues. Es existiert seit der erste Mensch seine niedrigen Bedürfnisse überstieg und begann, sich selbst zu verwirklichen. Vor meinem geistigen Auge sehe ich einen Steinzeitmenschen, nennen wir ihn einfach Uug-Lug, wie er mit gesenktem Kopf am Eingang seiner Höhle sitzt, seinen Bauchnabel betrachtet und sich fragt, woher er wohl kommt. Oder nehmen wir seine Frau, Sug-Gug, die darüber nachgrübelt, was für ein Leben sie jetzt wohl führen würde, wenn sie ihren Ex-Freund Justin geheiratet hätte, der das Rad erfunden hat und drei Monate im Jahr in seiner Sommerhöhle in den Catskills lebt. Na gut, an dieser Stelle sind die Pferde ein wenig mit mir durchgegangen, ich hoffe Sie sehen es mir nach.

Worauf ich hinaus will, ist Folgendes: Das Eu-Gewahrsein gibt es schon seit Langem und es war vermutlich viel stärker vertreten, als wir noch mehr Zeit hatten. Uug-Lug und seine Zeitgenossen mussten nur drei bis vier Tage in der Woche arbeiten, um zu überleben. Was bedeutet, dass sie ebenfalls drei bis vier Tage pro Woche Zeit hatten, um Nabelschau zu halten, dem Wind zuzusehen, wie er die Wasseroberfläche kräuselt, oder still auf einem Baumstamm zu sitzen und die Geräusche, Gerüche und den Anblick des Waldes in sich aufzunehmen. Heutzutage ist die Zeit unser Feind. Wir sind so sehr bemüht, den nächsten Termin einzuhalten, dass wir einen wichtigen Teil von uns zurückgelassen haben: das Eu-Gewahrsein.

Die Lehren der alten Meister haben weiterhin Bestand, aber die Techniken sind überholt; sie eigneten sich für ein weniger hektisches Zeitalter. Den meisten Menschen stehen keine drei bis vier Tage pro Woche zur Verfügung, an denen sie tun können, was sie wollen. Diejenigen unter uns, die die Zeit hätten, verschwenden sie, indem sie in die Welten der Terrabytes und des schönen Scheins abtauchen. Kein Wunder also, dass weniger als ein Prozent aller Menschen sich tatsächlich selbst verwirklicht. Unsere Prioritäten sind verschoben. Das ist keineswegs unsere Schuld. Wir sind groß geworden in einer angstgesteuerten, mangelorientierten Welt – einer Welt, die mehr Wert auf das legt, was man tut und was man wird, als auf das reine Sein. Beides hat seine Berechtigung, aber das Gleichgewicht muss stimmen. Bislang bestand unsere einzige Alternative darin, uns abzusondern und unser Bewusstsein in die Mäntel zeitraubender spiritueller Philosophien und Praktiken zu hüllen. Durch die Einführung der Eu-Stille-Technik kann das Eu-Gewahrsein kultiviert, gefördert und in unser geschäftiges Leben eingebunden werden, ohne dass wir dem Gott der Zeit wesentlich weniger huldigen müssten.

Das Eu-Gewahrsein markiert die ersten Stadien der Erleuchtung, sein Erleben kann in etwa mit dem Gipfelerlebnis eines Selbstverwirklichers gleichgesetzt werden. Im Eu-Gewahrsein erblühen Menschen zu der Person, als die sie gedacht sind. Ihre Gaben und Talente entfalten sich und sie lassen Zweifel, Ängste und Schuldgefühle hinter sich. Das Eu-Gewahrsein repariert den scheinbaren Graben, den die Gegensätze uns suggerieren. Menschen mit Eu-Gewahrsein überbrücken diese Gegensätze, indem sie zugleich kreativer und analytischer, spontaner und berechnender, ausdrucksstärker und zurückgezogener sind. Sie sind genügsam, mit sich selbst zufrieden und selbstbewusst, was die beste Grundlage für gesunde Beziehungen darstellt. Sie sind natürlicher, hilfsbereiter und liebevoller als sie dies vor der Entdeckung des Eu-Gewahrseins sein konnten. Kurz gesagt: Sie sind eine reinere Widerspiegelung der inneren Essenz, die sie und uns alle menschlich macht.

Der Geist dieser Menschen ist besonders. Er ist auf stille Weise bewusst und betrachtet die Welt häufig mit der Unschuld und Ehrfurcht eines Kindes. Menschen mit Eu-Gewahrsein stehen stärker im Einklang mit der inneren energetischen Welt und können dieses abstrakte Wissen auf praktische Weise in der materiellen Welt nutzen. Wir sprechen hier von Welten, in denen sich Menschen wie Sokrates, da Vinci und Einstein bewegten. Jeder Radiosender hat seine eigene Frequenz. Ein Mensch mit Eu-Gewahrsein drückt seine spezielle Gabe auf der Frequenz aus, die am besten zu ihm passt. Er versucht nicht Country-Lieder zu singen, wenn er klassischer Geiger ist. Wenn wir beim Radiosender-Beispiel bleiben, dann würde auf dem „da Vinci-Kanal" vielleicht Klassik laufen und Einstein eine populäre Wissenschaftssendung moderieren. Sokrates wäre natürlich ein berühmter Talkshow-Gastgeber, der seinen Gästen tief gehende Fragen stellt und für lebhafte Diskussionen sorgt. Jeder Mensch, der im Eu-Gewahrsein lebt, wird zu der Musik, die er sein soll. Er findet seinen richtigen Platz und erleuchtet und inspiriert dadurch uns alle.

Was die Wahrnehmung angeht, erwartet Menschen mit Eu-Gewahrsein ein wahrer Genuss, denn sie sehen die Welt als sanfteren, freundlicheren und liebevolleren Ort. Sie entwickeln ein Gefühl der Verbundenheit mit der gesamten Schöpfung. Die Grenzen zwischen den Dingen beginnen zu verschwimmen und gehen auf in einer Lebendigkeit, die mit einer sanften Verehrung von allem einhergeht. Menschen mit Eu-Gewahrsein verlieben sich in das Leben.

Es ist der Beginn eines wunderbaren Prozesses. Während sich die Wahrnehmung im Eu-Gewahrsein immer weiter verfeinert, steigt gleichzeitig Ihre Wertschätzung für das Wahrgenommene. Diese Wertschätzung öffnet Ihr Herz, und Sie beginnen den ungehinderten Fluss grenzenloser Liebe zu spüren. Grenzenlose Liebe, die von der gesamten Schöpfung zurückgespiegelt wird, öffnet Ihr Herz noch weiter. Und dieser Prozess setzt sich fort: Eine verfeinerte Wahrnehmung erzeugt Liebe, die Liebe wiederum verfeinert die Wahrnehmung noch weiter. So öffnet sich Blatt für Blatt die Blüte eines Lebens im Eu-Gewahrsein. Nach und nach werden Sie in der Lage sein, den tiefsten Ausdruck von Leben wahrzunehmen, während Ihr Herz sich für alle Ausdrucksformen der Liebe öffnet. Mit einem derart offenen Herzen und verfeinerter Wahrnehmung stehen Sie kurz vor der Meisterschaft. Sie sind bereit für das Einssein, die Erkenntnis, das alles in Ihrem Umfeld ein Ergebnis der alles durchdringenden Einzigartigkeit ist: der bewegungslosen Stille.

Im Eu-Gewahrsein beginnen Sie zu ahnen, dass es etwas gibt, das alles verbindet. In der Eu-Stille können Sie die Einheit unmittelbar wahrnehmen. Wie Sie bereits beim Praktizieren der Eu-Stille-Technik bemerkt haben, erscheint es zunächst so, als wäre die Stille irgendwie ein Teil all dessen, was Sie umgibt, den Dingen, den Handlungen und selbst Ihren Gedanken und Emotionen. Im Eu-Gewahrsein schätzen Sie den individuellen Schimmer jeder Perle, die Ihnen das Leben präsentiert. In der Eu-Stille werden Sie des Bandes gewahr, auf das jede Perle gefädelt ist und schätzen die gesamte Perlenkette. Und einer Sache können wir gewiss sein: Es gibt Ordnung im Universum. Gäbe es sie nicht, würden wir keine Fortschritte machen. Wir könnten weder planen noch würden wir unsere Ziele erreichen. Die Zellstruktur unseres Körpers würde sich auflösen. Ohne Ordnung gäbe es kein Universum.

Ordnung lässt sich auf jeder Stufe der Schöpfung erkennen. Unser Verstand empfindet allerdings manche Dinge geordneter als andere. Eine Art, Ordnung zu messen, ist das Messen von Aktivität. Man könnte sagen, je mehr Aktivität etwas zeigt, umso weniger Ordnung weist es auf. Das klarste und beste Beispiel hierfür findet sich vermutlich in Ihrem Kopf. Wenn Sie entspannt sind, Ihr Geist ruhig ist, dann sind sie mit Ihrer ganzen Welt im Reinen. Sie sind ruhig, Ihre Gedanken sind klar und strukturiert, Sie sind hilfsbereit und liebevoll. Wenn Sie wütend sind und die Gedanken nur so durch Ihren Kopf schießen, kreuz und quer, wird Ihr Denken fahrig und unstrukturiert, Sie neigen zu Häme und Unfreundlichkeit. Man könnte also sagen, innerer Frieden wäre geordneter als Wut. Betrachten wir das Ganze jedoch durch das alles durchdringende Auge des Universums, weisen sowohl Frieden als auch Wut eine Ordnung auf. Beide besitzen ihren eigenen Wert.

Grundsätzlich tendiert das Leben dazu, einschließlich Ihrer und meiner Wenigkeit, sich weg vom Schmerz und hin zu Angenehmem zu bewegen. Wut ist unangenehm. Frieden ist angenehm. Aus diesem Grund neigen wir dazu zu sagen, dass Frieden gut und Wut schlecht ist. Der nächste Schritt in der Gedankenkette stuft dann Frieden als ordentlicher ein als Wut. Wir möchten mehr davon, weil es so viel angenehmer ist. Es ist auch gar nicht verkehrt, Frieden für besser als Wut zu halten, solange uns klar ist, dass Frieden und Wut in ihrem Kern und auf der Ebene des Universums, die sich unserem rationalen Verständnis entzieht, beide gleich sind. Die einzige Möglichkeit, universelle Gleichwertigkeit und Harmonie zu erkennen, liegt in der direkten Wahrnehmung der Stille, welche der gesamten Schöpfung zugrunde liegt.

Lassen Sie uns diesen Gedankengang auf ein Stück Obst anwenden, sagen wir mal eine Banane. Sie bringen vom Einkaufen eine schöne, feste, gelbe Banane mit nach Hause und legen sie in die Obstschale auf Ihrem Esszimmertisch. In den nächsten Tagen sind Sie recht beschäftigt und geraten kurzzeitig aus dem Bananen-Gewahrsein. Als Sie die Banane wieder wahrnehmen, hat sie einen kleinen Schwarm von Fruchtfliegen angezogen, die Schale weist schwarze Flecken auf und die Banane selbst ist matschig. Sofern Sie nicht aus irgendwelchen Gründen verunreinigte, verfärbte und matschige Banane mögen, werden Sie den Bananenstiel vorsichtig zwischen Daumen und Zeigefinger nehmen und die Banane auf schnellstem Wege in den Abfalleimer befördern, wo die Fruchtfliegen dann selbst schauen müssen, wie sie zurechtkommen.

Laut dem zweiten Newton'schen Gesetz wies die ursprüngliche feste Banane eine größere Ordnung auf als die verfaulende. Erinnern Sie sich? Das Gesetz besagt, dass alle Energie und Materie im Universum zerfällt (Entropie) und sich auf einen Zustand unbeweglicher Einheit hinbewegt. Anders gesagt: Alles im Universum zerfällt, bricht auseinander … und stirbt. Puh, nicht gerade rosige Aussichten, was? Newton, der sowieso unter Depressionen litt, muss an dem Tag, an dem er sich das ausgedacht hat, wohl Ärger mit seiner Freundin gehabt haben. Zum Glück zeigt das Gesetz nur einen Ausschnitt des Gesamtbildes.

Dinge müssen sich zersetzen, damit andere ihren Platz einnehmen können. Das ist der Lauf der Dinge. Stellen Sie sich einmal vor, wie die Welt aussähe, wenn niemand sterben würde. Entweder würden wir unseren Planeten hemmungslos übervölkern oder wir würden eine stagnierende Population einiger weniger Auserwählter haben, die keinen Raum für Neuankömmlinge hätte. Zerfall oder Entropie ist nur eine Seite der Medaille. Ja, es gibt eine zerstörerische Kraft, aber es gibt im Gegenzug auch eine schöpferische. Es gab eine Zeit im Leben der Banane, in der sie gewachsen ist, und es gibt eine Zeit, in der sie verrottet. Wo ist diese Banane Jahre später? Nun, sie wurde wieder in die Moleküle, Atome und subatomaren Teilchen zerlegt, aus denen sie einst entstanden ist. Diese Teilchen haben sich zerstreut, neu zusammengesetzt und befinden sich jetzt irgendwo im Universum. Ist es nicht aufregend, sich vorzustellen, dass womöglich genau in diesem Moment ein subatomares Teilchen, das einmal Bananenmatsch war, in Ihrem Hirn aktiv ist? Nun, ich kenne Menschen, bei denen einem diese Vermutung gar nicht so abwegig erscheint. Aber das ist eine andere Geschichte. Ich schweife ab.

Es gibt also eine zerstörerische Kraft und eine schöpferische Kraft und beide sind unbedingt erforderlich, damit das Leben weitergeht. Die Blüte fällt vom Baum, damit die Frucht sich bilden kann. Die Früchte fallen vom Baum, damit sie den in ihnen enthaltenen Samen verbreiten können. Der Same stirbt mit dem Entstehen des Baumes und so wiederholt sich der Zyklus stets von Neuem. Das ist es also? Zwei Kräfte, die die Schöpfung ausmachen? Vielleicht glauben Sie, dass wir nichts weiter brauchen, aber bei näherer Betrachtung werden Sie feststellen, dass noch etwas fehlt. Was hält die beiden Kräfte zusammen? Was hält sie im Gleichgewicht? Was bringt sie dazu, gewissermaßen Hand in Hand zu arbeiten?

Betrachten wir doch einmal den Punkt, an dem der schöpferische Prozess endet und der Zerfall beginnt. Wenn Sie eine Lupe nähmen und den schöpferischen Prozess genau in dem Moment betrachteten, an dem er ins Gegenteil umschlägt, was würden Sie dann sehen? Genau: Stille! An einem bestimmten Punkt muss die schöpferische Kraft aufhören zu arbeiten, damit die destruktive Kraft ihr Werk beginnen kann. Genau an diesem Scheidepunkt finden Sie die absolute Stille. Erinnern Sie sich an die Welle, die ebenfalls in ihrer Aufwärtsbewegung kurz innehält, bevor sie ihren Weg in die andere Richtung fortsetzt? Oder nehmen wir Ihre ganz persönlichen Erfahrungen.

Wissen Sie noch, wie es war, wenn Sie als Kind beim Schaukeln den höchsten Punkt erreicht hatten und kurz regungslos in der Luft hingen? Und wie war es, als Sie die Nichts-Technik geübt haben? Sie fanden zwischen und hinter Ihren Gedanken Stille, wie eine bewegungslose Leinwand, nicht wahr? Die Sache ist die: Sobald Sie Aktivität auf die grundlegendste Ebene reduzieren, gibt es keine Aktivität mehr, keine Schöpfung und keine Zerstörung. Sobald Sie die Lupe nehmen und in immer tiefere Tiefen schauen, werden Sie entdecken, dass dort Stille auf Sie wartet. Es ist so, als wäre Aktivität eine Illusion.

Im Gewahrsein der Eu-Stille durchbrechen Sie die Illusion immerwährender Aktivität. Oder genauer gesagt: Sie sehen, dass zur gleichen Zeit, in der Sie das Spiel der schöpferischen und zerstörerischen Kräfte beobachten, in Wirklichkeit Stille herrscht. Dieser direkte Kontakt mit der Stille erzeugt ein Gefühl von Dauerhaftigkeit und psychologischer Sicherheit.

Überlegen Sie einmal: Was bedeutet Stille für Sie? Für den aktivitätsbezogenen Verstand hat Stille keinen Wert – zumindest solange, bis er erkennt, dass die Wahrnehmung der Stille der Wahrnehmung der Unsterblichkeit nahe kommt. Wenn Ihre Aufmerksamkeit stets auf Aktivität gerichtet ist, kann dies recht deprimierend sein, denn Sie werden unweigerlich feststellen, dass sich alles fortwährend ändert. Wenn alles der Veränderung unterworfen ist, dann können Sie sich am Ende auf nichts verlassen. Aus der Sicht von Isaac Newton herrscht die Entropie, alles ist im Vergehen begriffen. Wenn Ihre Aufmerksamkeit daher auf der Aktivität liegt, kennen Sie am Ende nur den Tod.

Was in Ihrem Leben hat sich nicht verändert? Wie sieht es mit Ihrer ersten Liebe aus? Lieben Sie diese Person heute noch auf die gleiche Weise? Wie sehen Sie Ihren Job heute im Vergleich zum ersten Arbeitstag? Und was ist mit Ihrem Körper? Hat er sich im Laufe der Zeit nicht verändert? Wie steht es mit Ihren Überzeugungen, Ängsten, Zielen und Hoffnungen für die Zukunft? Früher oder später spült der Fluss der Zeit alles fort.

Selbst unser Körper und unser Geist, an denen wir so sehr hängen, werden sterben.

Und jetzt? Sind Sie ein wenig deprimiert? Ich habe Ihnen gerade eine ziemlich genaue Schilderung des Lebens gegeben, wie die meisten Menschen es kennen. Stellen Sie sich einmal vor, wie hart es für all diejenigen von uns ist, die in die Zukunft blicken und sich einzureden versuchen, dass sie vielversprechend ist. Wenn wir genau hinschauen, ist die einzige sichere Sache, die dort auf uns wartet, der Tod. Deshalb mögen die meisten von uns auch nicht so genau hinschauen. Ganz im Gegenteil – besonders Amerikaner investieren jede Menge Zeit und Energie in das Leugnen des Todes. Die gute Nachricht ist, dass dies gar nicht erforderlich ist.

Was also können wir in Bezug auf dieses ganze Dilemma tun? Nun, ich glaube Sie wissen bereits, worauf ich hinaus will. Wenn Ihr Leben mit Aktivität vollgepackt ist, dann schaffen Sie mit Eu-Stille einen Ausgleich. Eu-Stille kennt weder Anfang noch Ende. Sie wurde nie geschaffen, wie beispielsweise ein Molekül, ein Berg oder eine Emotion. Sie besitzt keinerlei Form und kann daher auch nicht zerfallen. Sie liegt außerhalb der Reichweite der Entropie, sie ist endlos und unsterblich. Sie ist einfach Eu-Stille.

Der Eu-Stille gewahr zu sein, bedeutet absoluter, unbeweglicher und unsterblicher Stille gewahr zu sein, und gleichzeitig des sich ständig verändernden und in Bewegung befindlichen Reichs der Phänomene. Wenn Sie die Eu-Stille-Technik anwenden, nehmen Sie irgendwann beides gleichzeitig wahr und das hat bemerkenswerte Auswirkungen auf Ihr Leben. Sie verlassen sich nicht mehr darauf, dass Geschäftigkeit und Aktivität Ihnen Erfüllung bringen. Sie müssen nicht noch mehr Geld verdienen, ein noch größeres Haus besitzen oder Ihre Freunde beeindrucken, indem Sie tun, was auch immer Sie in dieser Hinsicht für nötig erachten. Aktivität ist nur die eine Seite der Medaille. Wenn Sie die Stille innerhalb der Aktivität wahrnehmen, verlieren Sie sofort die Angst vor dem Tod. Wenn Sie den Tod nicht mehr fürchten, nehmen Sie sich weniger zurück, Sie werden entspannter und sind natürlicher – die Person, die Sie eigentlich sind. Sie finden Erfüllung und die innere Zufriedenheit lässt Sie genießen, wer und wo Sie sind. Sie wissen, dass Sie bereits vollständig sind und müssen nun nicht mehr irgendwer anders sein oder irgendwohin kommen.

Vielleicht befürchten Sie, dass Sie nun durch Ihr Gewahrsein der Eu-Stille wie Uug-Lug werden und den lieben langen Tag Nabelschau betreiben. Keine Sorge, im Gegenteil! Im Gewahrsein der Eu-Stille werden Sie motivierter, Ihre Kreativität und Ihr Energiepegel steigen an, Sie verlassen sich auf Ihre Führung, sind liebenswerter und lebenslustiger. Eu-Stille macht Ihr Leben vollständiger. Und wenn wir schon beim Thema sind:

- Schließen Sie die Augen und lassen Sie die Gedanken einfach wandern, wohin sie wollen.
- Nchmen Sie Ihre Gedanken entspannt wahr und blicken Sie dann über sie hinaus, um das Nichts des reinen Gewahrseins zu finden.
- Werden Sie des Eu-Gefühls gewahr, eines Gefühls von Wohlbefinden, Ruhe, Leichtigkeit …
- Schauen Sie intensiv in das Eu-Gefühl hinein und entdecken Sie die Eu-Stille.
- Setzen Sie die Münzen-Technik ein, um in der Eu-Stille das Positive und das Negative wahrzunehmen.
- Genießen Sie mit geschlossenen Augen die Eu-Stille so lange Sie mögen. Öffnen Sie dann die Augen und praktizieren Sie die Stopp-Technik.
- Beobachten Sie einfach die Eu-Stille, wo immer Sie sie wahrnehmen.
- Werden Sie nun wieder des Eu-Gefühls gewahr.

Sie geleiten sich selbst in die Welt des erleuchteten Transcenders und erleben, was es bedeutet, gänzlich Mensch zu sein. Es ist der Ausgangspunkt eines ausgewogenen Lebens zwischen den Polaritäten – jung und alt, reich und arm, gut und böse, dynamische Aktivität und absolute Stille. Sofern dies nicht schon jetzt der Fall ist, wird die Eu-Stille umgehend da sein, wenn Sie sich entscheiden sie wahrzunehmen. Wenn Sie Ihr Leben mit diesem lange vermissten Bereich verbinden, werden Sie Disharmonie und Widrigkeiten furchtlos ins Antlitz schauen und auf dem Meer der Stille sicher die Klippen der Relativität umschiffen. Was für eine wundervolle Reise dies doch ist ...

Kernpunkte

- Ohne Bewusstsein haben wir nichts.
- Gewahrsein und Wahrnehmung ändern sich mit dem Bewusstseinszustand.
- Die sechs Hauptbewusstseinszustände sind Wachheit, Träumen, Tiefschlaf, reines Gewahrsein, Eu-Gewahrsein und Eu-Stille-Gewahrsein.
- Reines Gewahrsein ist essenziell für unser geistiges Wohlbefinden.
- Eu-Gewahrsein bringt den harmonisierenden Einfluss reinen Gewahrseins in das tägliche Tun. Es repräsentiert die ersten Schritte zur Erleuchtung.
- Eu-Stille ist die direkte Wahrnehmung der absoluten Stille, die in alltäglichen Handlungen und Objekten vorhanden ist. Es ist ein notwendiger Schritt auf dem Weg zum gänzlichen Menschsein.

Kapitel 12
Wie man Entscheidungen fällt, oder: Seien Sie klüger als Ihr Goldfisch

Erziehung ist nicht das Anfüllen eines Eimers, sondern das Entfachen eines Feuers.
William Butler Yeats

Ich möchte mir an dieser Stelle einen Moment Zeit nehmen, um mit Ihnen gemeinsam ein wenig zu spielen. Mein Lieblingsfach in der Grundschule war die große Pause. Daran hat sich im Übrigen, wie Sie sich vielleicht schon gedacht haben, bis heute nicht viel geändert. Legen wir also im Sinne einer Pause einmal die Philosophie beiseite und lernen, wie man eine Entscheidung trifft. Vielen Menschen fällt es zunehmend schwer – besonders denen, die von der Vielzahl an Auswahlmöglichkeiten überwältigt sind, die uns in den Industrienationen zur Verfügung stehen –, Entscheidungen auf der Grundlage dessen zu treffen, von dem wir wissen, dass es gut für uns ist.

Mittlerweile dürfte uns ziemlich klar geworden sein, wie schädlich zu viel Aktivität für uns sein kann. Das alleinige Richten unseres Augenmerks auf Aktivität, ohne die ausgleichende Wirkung der Eu-Stille, ist die Hauptursache für Konflikte und Leid in unserem Leben. Eine Form der Überaktivität zeigt sich darin, dass wir zu viele Entscheidungen fällen müssen. Die „je-mehr-desto-besser"-Mentalität ist in den USA und anderen Industrienationen weit verbreitet. Als ich als Teenager meine ersten Erfahrungen mit dem Autofahren sammelte, hatte mein Vater keine große Auswahl, wenn er ein neues Auto kaufen wollte. Es gab nur sechs bis sieben Autohersteller und jeder von ihnen bot eine begrenzte Anzahl an Modellen an, die in zwei oder drei Farben zu haben waren. Als ich mich kürzlich nach einem neuen Auto umsah, konnte ich mir kaum die ganzen Hersteller merken, geschweige denn die von ihnen angebotenen Modelle, Farben, Ausstattungspakete und Sondereditionen. Frustriert beschloss ich zum Fahrradhändler auf der anderen Straßenseite zu gehen und mir ein Fahrrad zu kaufen. Dann sah ich die ganzen Fahrräder, die vor dem Laden aufgereiht standen. „Vergiss es, ich gehe einfach zu Fuß." Und das tat ich dann auch, direkt hinein in einen Schuhladen, in dem ich die Auswahl zwischen 437 verschiedenen Wanderschuhen hatte – eine Tatsache, ob derer ich in verzweifeltes Schluchzen ausbrach. Aber das ist noch nicht das Ende der Geschichte. Nachdem die Sanitäter mich in der freundlichen Nervenheilanstalt um die Ecke abgeliefert hatten, saß ich ruhig auf meinem gepolsterten Bett innerhalb meiner vier gepolsterten Wände und musste keine einzige Entscheidung treffen, bis die Schwester mit einem fahrbaren Kleiderständer hereinkam und mich bat, mir aus einer Reihe von Modellen, Größen und Farben meine persönliche Zwangsjacke zusammenzustellen, mit oder ohne Monogramm, mit Strass besetzt oder nicht. Nun gut, ich gebe zu, ganz so schlimm war es dann doch nicht, aber die Tatsache bleibt, dass es uns verunsichert und sogar unsere Gesundheit gefährden kann, wenn wir zu viele Auswahlmöglichkeiten haben. Das ist übrigens wissenschaftlich erwiesen. Es gibt zahlreiche Studien, die belegen, dass uns eine Vielzahl an Möglichkeiten zwar in der Theorie ansprechend erscheint, in der Praxis jedoch lähmend wirken kann.

Während uns einerseits immer mehr Möglichkeiten geboten werden, sinkt andererseits unsere Aufmerksamkeitsspanne. Es scheint, als müssten wir ständig unterhalten werden, sonst verlieren wir das Interesse. Laut der US National Library of Medicine lag die Aufmerksamkeitsspanne des Durchschnittsamerikaners im Jahr 2000 bei 12 Sekunden, im Jahr 2013 war dieser Wert auf 8 Sekunden zusammengeschrumpft. Das ist ein Absinken um 33,3 Prozent innerhalb von lediglich 12 Jahren. Aber die am meisten verstörende Zahl kommt erst noch: Die durchschnittliche Aufmerksamkeitsspanne eines Goldfischs beträgt 9 Sekunden, eine Sekunde mehr als die des Durchschnittsamerikaners! Ein Arbeitgeber, der die neusten Bewerbungen durchsieht, sollte sich vielleicht gleich für den Kandidaten mit den Kiemen entscheiden.

Wenn unsere Aufmerksamkeit in so viele Richtungen gleichzeitig gelenkt wird, ist es nahezu unmöglich, eine gesunde Entscheidung zu treffen. Ein am 7. März 2014 in der Zeitschrift *Neuroscience* veröffentlichter Artikel zitiert eine Studie des Columbia University Medical Center. Forscher dort fanden heraus, dass die Richtigkeit unserer Entscheidungen verbessert werden kann, wenn wir den Beginn des Entscheidungsprozesses um lediglich 50 bis 100 Millisekunden hinauszögern. Dies ermöglicht offenbar dem Gehirn, seine *Aufmerksamkeit* auf die relevanteste Information zu *fokussieren* und irrelevante, ablenkende Aspekte auszublenden. Das sagt zumindest der Autor des Artikels, Jack Grinband. Was genau mich an diesem Artikel fasziniert hat? Nun, er besagt, dass der Faktor, der es dem Entscheidungsfinder ermöglicht, bessere Entscheidungen zu fällen, „Nichttun" ist. Kommt Ihnen das bekannt vor? Natürlich tut es das, denn Sie kennen ja bereits den Wert des Nichts. Es sieht so aus, als würde die Wissenschaft langsam auf den richtigen Trichter kommen.

Sie und ich wissen, dass Nichttun das ist, was passiert, wenn man der Eu-Stille gewahr wird. Schließlich macht das Stille aus, nicht wahr? Wenn schon allein eine Pause von 50 bis 100 Millisekunden Ihre Entscheidungsfindung verbessern kann, was glauben Sie dann wird passieren, wenn Sie sich fünf Minuten Zeit nehmen, um kopfüber in die Eu-Stille einzutauchen? Ich denke, wir sollten es gemeinsam herausfinden.

Die Eu-Stille-Entscheidungstechnik
– Werden Sie der Eu-Stille gewahr (1 bis 2 Minuten).
– Werden Sie der Situation gewahr und der Entscheidung, die Sie treffen müssen.
– Werden Sie all der verschiedenen Auswahlmöglichkeiten gewahr, einer nach der anderen.
– Nehmen Sie bei jeder neuen Auswahlmöglichkeit wahr, wie Sie sich fühlen. Ist das Gefühl negativ (erzeugt es Verwirrung, Angst oder eine andere negative Reaktion) oder positiv (erzeugt es ein Gefühl der Erleichterung, Klarheit oder eine andere unterstützende Reaktion)?
– Werden Sie entspannt der Lösung gewahr, die am positivsten erscheint.
– Kehren Sie zur Eu-Stille zurück (1 Minute).
– Blicken Sie in die Eu-Stille, um zu sehen, ob sich neue Lösungen zeigen. Wenn keine neuen Lösungen aufkommen, sitzen Sie einfach in der Eu-Stille, denken hin und wieder an die positivste Lösung und lassen Sie die Gedanken dann 15 bis 30 Sekunden lang einfach wandern. Kehren Sie mehrere Male zur Eu-Stille und zu Ihrer bevorzugten Lösung zurück, bevor Sie die Gedanken wieder ziehen lassen.
– Werden Sie des Eu-Gefühls gewahr und lassen Sie die Erfahrung sanft auslaufen.

Die Eu-Stille-Entscheidungstechnik hilft Ihnen nicht nur wunderbar dabei, Ihre Gedanken zu beruhigen und zu ordnen, sondern lässt Sie zudem sanft auf die Kräfte aufmerksam werden, die dem Treffen einer Entscheidung zugrunde liegen. Gleichzeitig besänftigt sie Ängste und andere Emotionen, die eine Entscheidungsfindung behindern können. Interessanterweise und ganz nebenbei kann es übrigens sein, dass Sie Lösungen für ganz andere Probleme finden, die Ihnen fertig verpackt und verschnürt überreicht werden wie ein vorzeitiges Geburtstagsgeschenk.

Wann wissen Sie, dass die Entscheidungsfindung abgeschlossen ist? Sie wissen, dass Sie die richtige Entscheidung gefunden haben, wenn Sie sich damit vollkommen wohlfühlen. Es ist wie eine Art von „Wissen", ein klares intuitives Gefühl, dass die Entscheidung richtig ist. Es gibt keine Zweifel mehr.

Wenn Sie noch Zweifel an Ihrer Entscheidung hegen, dann wenden Sie die Eu-Stille-Entscheidungstechnik am nächsten Tag erneut an und auch noch am übernächsten, sofern dies erforderlich sein sollte. Das ist in der Regel nur dann der Fall, wenn mit dem Treffen der Entscheidung emotionale Traumata verbunden sind. Aber das kommt gottlob selten vor. Lassen Sie sich Zeit. Wenn Sie sich beeilen wollen, dauert alles nur länger. Suchen Sie nicht krampfhaft nach Ergebnissen, aber nehmen Sie die Ergebnisse an, die Sie erhalten. Sind die Ergebnisse nicht schlüssig, dann warten Sie ein wenig und wiederholen die Eu-Stille-Entscheidungstechnik. Denken Sie daran: Es geht darum, nichts zu tun, richtig? Also sollten Sie nicht versuchen, auf welche Art auch immer, den Prozess zu unterstützen oder zu beschleunigen. Das ist der schnellste und leichteste Weg, keine Antwort zu bekommen.

Wenn Sie bemüht sind, eine Antwort zu finden, und aktiv danach suchen, schieben Sie die Antwort weg. Lassen Sie mich Ihnen das anhand eines Beispiels erklären. Nehmen wir einmal an, Sie säßen am Rand eines mit klarem Wasser gefüllten Schwimmbeckens. Würde ich Ihnen nun sagen, dass Sie die Antwort am Boden des Beckens fänden, würden Sie beginnen an der Oberfläche des Wassers herumzuplantschen, um zu sehen, was sich am Boden befindet. Natürlich führt das Bewegen des Wassers an der Oberfläche zu Verzerrungen, sodass Sie den Boden gar nicht mehr klar sehen könnten. Während der Eu-Stille-Entscheidungstechnik aktiv nach einer Antwort zu suchen, ist so, als würden Sie das Wasser aufwühlen. Nur der stille Geist kann klar sehen.

Sie werden feststellen, dass Sie nahezu immer am Ende der Sitzung genau wissen, wie Sie vorzugehen haben. Es kann sogar gut sein, dass die Antwort Ihnen bereits auf halbem Wege oder in den ersten vorbereitenden Momenten der Eu-Stille in den Sinn kommt und Sie unwillkürlich lächeln müssen. Je häufiger Sie die Eu-Stille-Entscheidungstechnik praktizieren, umso schneller werden Sie in der Lage sein, sie im Handumdrehen einzusetzen, ohne sich still hinzusetzen und die Augen zu schließen.

Jetzt wird es aber höchste Zeit für das nächste Kapitel. Sind Sie bereit sich zu verlieben?

Kernpunkte

- Es kann lähmend sein, zu viele Auswahlmöglichkeiten zu haben.
- Während uns einerseits immer mehr Auswahlmöglichkeiten zur Verfügung stehen, sinkt gleichzeitig unsere Aufmerksamkeitsspanne.
- Forscher haben entdeckt, dass das Erleben des „Nichts" für 50 bis 100 Millisekunden vor dem Treffen einer Entscheidung die Genauigkeit der Entscheidungsfindung beeinflussen kann.

- Die Eu-Stille-Entscheidungstechnik hilft Ihnen nicht nur wunderbar dabei, Ihre Gedanken zu beruhigen und zu ordnen, sondern lässt Sie zudem sanft auf die Kräfte aufmerksam werden, die dem Treffen einer Entscheidung zugrunde liegen.

- Sie wissen, dass Sie die richtige Entscheidung gefunden haben, wenn Sie sich damit vollkommen wohlfühlen. Es ist eine Art „Wissen", ein klares intuitives Gefühl, dass die Entscheidung richtig ist. Es gibt keine Zweifel mehr.

- Wenn Sie die Eu-Stille-Entscheidungstechnik einsetzen, wissen Sie danach nahezu immer, wie Sie vorzugehen haben.

Kapitel 13
Liebe

Ein liebevolles Herz ist der Anfang allen Verstehens.
Thomas Carlyle

Ach ja, die Liebe. Die Vöglein singen, die Bienen summen, das Herz schlägt Purzelbäume. Sind das nicht die Bilder, die uns meistens in den Sinn kommen, wenn wir dieses aufregende Wort hören? Zwei liebende Seelen, wogende Leidenschaft, ineinander verschlungene Herzen und Körper, Hals über Kopf verliebt – die romantische Liebesbeziehung. Aber zur Liebe gehört noch mehr als die berüchtigte und heiß begehrte anfängliche Euphorie. *Viel* mehr sogar.

Wenn ich Sie bitten würde, mir andere Ausdrucksformen der Liebe zu nennen, fiele Ihnen wohl die Liebe zu Familie und Freunden ein, die elterliche Liebe, die Mutterliebe oder auch die reife Liebe, wie sie zwei langjährige Partner füreinander empfinden. Sie könnten mich auch darauf hinweisen, dass es die reine Liebe zur Schönheit und zum Wissen und die Liebe einer einzelnen zur höchsten Seele, Gott, gibt. Aber all dies sind aus menschlicher Sicht betrachtete Formen der Liebe. Was ist mit der Liebe eines Steins, eines Atoms oder des Universums? Existiert so etwas überhaupt? Und wenn ja, welche Auswirkungen hat es dann wohl auf Ihr Leben? Ich möchte Ihnen an dieser Stelle eine visionäre Sicht der Liebe vorstellen, die Ihr Leben sofort und für immer enorm verändern wird. Gemeint ist eine einzigartige und universelle Liebe, die eine, aus der alle anderen Formen der Liebe erwachsen.

Ich spreche hier keinesfalls von einer abstrakten Theorie, denn damit würde ich nie Ihre Zeit verschwenden. Auch empfehle ich Ihnen nicht, das Lieben zu „lernen", indem Sie Vergebung, Nächstenliebe, Annahme, Gelassenheit oder Ähnliches üben. Diese Formen menschlicher Harmonie müssen nicht geübt werden, denn sie werden ganz von selbst zu Tage treten, wenn Sie erst einmal wissen, wie ein Berg oder ein Molekül liebt.

Lassen Sie uns als Erstes einmal definieren, was Liebe ist. Natürlich denken wir in der Regel zuerst an das emotionale Band zwischen zwei Menschen. Und natürlich ist das Liebe, aber es ist längst noch nicht alles. Ich weiß, dass sich schon unzählige Dichter und Sänger die Zähne daran ausgebissen haben, Liebe zu definieren. Was also lässt mich glauben, ich könnte es tun? Versuchen wir zunächst einmal die universelle Liebe zu definieren, bevor ich Ihnen im nächsten Schritt zeige, wie Sie dieses kostbare Gefühl in Ihrem Inneren erfahren können.

Für die folgende Definition werde ich ein wenig weiter ausholen, machen Sie sich also bereit. Das ist meine Definition von Liebe: *Wenn zwei Dinge sich vereinen, um eine größere Harmonie zu erzeugen.* Zugegeben: Meine Definition ist ein wenig kürzer als die meisten, dafür ist sie aber auch besonders zweckmäßig und praktisch. Betrachten wir das Ganze doch einmal näher.

Es ist offensichtlich, dass zwei in Liebe vereinte Menschen (ich überlasse es an diesem Punkt Ihnen, wie der Begriff „vereint" hier zu verstehen ist), ein stärkeres Gefühl der Harmonie genießen. Aber können zwei Atome lieben? Wenn man meine Definition zugrunde legt, scheint es ja durchaus so zu sein. Wenn sie sich zusammenschließen, um die größere Harmonie eines Moleküls zu erzeugen, dann ist das Liebe. Der Zusammenschluss von Molekülen zu Ziegeln, Schokoriegeln und

13. Liebe

Igeln ist ein offensichtlicher Ausdruck von Liebe, der sich nicht leugnen lässt (speziell in Bezug auf Schokoriegel). Der kreative Prozess und all das, was er hervorbringt, ist ein Ausdruck universeller Liebe. Und wie lautet meine Definition universeller Liebe? Universelle Liebe ist *die Kraft, die vereint*.

Wenn wir die Kraft, die vereint, Liebe nennen, wie nennen wir dann die Kraft, die die Schöpfung auseinanderreißt? Ein klassischer Physiker würde sie Entropie nennen und der östliche Philosoph *Tamas*. Sie mögen mein Faible für das Dramatische entschuldigen, aber ich verwende in der Regel das Wort Tod. Da wir ja bereits ausführlich über Negativität und Tod gesprochen haben, verkneife ich mir hier nähere Erläuterungen. Ich führe den Tod hier nur an, um ihn in Verbindung zur Liebe zu setzen.

Ich denke die Definition von Liebe ist mir schon einmal ganz gut gelungen, oder? Aber natürlich verhilft Ihnen das nicht wirklich zu dem Wissen, was Liebe ist. Aber wissen Sie was? Sobald Sie einmal die entsprechende Erfahrung gemacht haben, ist die Kraft der universellen Liebe einfacher zu erfahren als zu beschreiben. Wenn Sie Ihre Eu-Stille-Hausaufgaben gemacht haben, liegen 90 Prozent des Weges sogar bereits hinter Ihnen. Lassen Sie mich Ihnen zeigen, was ich meine.

Das Gewahrsein der Eu-Stille ist das Gewahrsein der reinen Bewusstheit während Sie denken und im Alltag aktiv sind. Es ist die direkte Wahrnehmung absoluter Stille in Objekten und Aktivitäten. Als Sie die Eu-Stille-Technik kennengelernt haben, sind Sie über das Eu-Gefühl in diese Stille gelangt. Das Eu-Gefühl entsteht aus der Eu-Stille. Manche Menschen glauben vielleicht, dass reines Gewahrsein Liebe ist. Aber reines Gewahrsein ist keine Kraft. Es besitzt keinerlei Energie. Es *ist* einfach nur. Das Kind des reinen Gewahrseins ist die Eu-Stille. Eu-Stille ist universelle Liebe, die keine Form und keinen Ausdruck hat. Das Kind der Eu-Stille ist das Eu-Gefühl, der erste Ausdruck universeller Liebe. Das Kind dieser ausgedrückten universellen Liebe, des Eu-Gefühls, ist alles jemals Erschaffene. Wenn ich den Begriff universelle Liebe verwende, meine ich damit, je nach Zusammenhang, entweder die Eu-Stille oder das Eu-Gefühl. Beide sind universell, aber die Eu-Stille ist nicht ausgedrückte universelle Liebe, und das Eu-Gefühl der erste und einzige Ausdruck, der universell ist.

Hierarchisch betrachtet sieht das Ganze so aus:

> Eu-Stille → Eu-Gefühl → Alles Erschaffene

Wenn reines Licht durch ein Prisma fällt, entsteht ein Regenbogen aus sieben Farben. In dem Moment, in dem das Licht das Prisma trifft, findet ein Übergang statt, eine Art Brechung, bevor es sich in die Farben Orange, Indigo, Violett, Gelb, Rot, Blau und Grün aufspaltet. Aus der Mischung dieser Farben entsteht die riesige Palette an verschiedenen Farbtönen, die wir überall um uns herum sehen können. Eu-Stille ist wie dieses reine Licht. Wenn die Eu-Stille auf das Prisma trifft, gerät Bewegung in die Stille. Diese Bewegung in der Stille ist die Geburt des Eu-Gefühls. Die individuellen Ausprägungen des Eu-Gefühls - wie Friede, Freude, Zufriedenheit, Glückseligkeit, Ehrfurcht und Mitgefühl - kann man mit den Farben vergleichen, die dem Prisma entspringen. Diese ersten Widerspiegelungen des Eu-Gefühls gehen weiter und erschaffen im Universum Dinge und Gedanken. Man könnte also sagen, dass der Keks, den Sie heute Morgen in Ihren Kaffee getunkt haben, so etwas ist wie Eu-Gefühl, das in Eu-Gefühl getunkt wird.

Erinnern Sie sich noch, wie Sie im letzten Kapitel gelernt haben, Entscheidungen zu treffen? In Wirklichkeit haben Sie die Entscheidung gar nicht bewusst getroffen, oder? Die Erkenntnis, wie Sie entscheiden sollten, kam spontan. Als die richtige Vorgehensweise feststand, wussten Sie einfach, dass sie richtig war. Das war Ihre Intuition, die sich zu Wort gemeldet hat. Ihre nächste Frage sollte nun lauten: „Was ist Intuition?" Ich freue mich wirklich, dass Sie diese Frage stellen, denn rein zufällig habe ich eine Antwort darauf vorbereitet und es wäre doch wirklich schade gewesen, wenn ich sie jetzt nicht hätte anbringen können.

Intuition ist die leiseste, feinste und subtilste Widerspiegelung des Eu-Gefühls. Eigentlich besteht sie aus zwei Teilen, die in Samenform vorhanden sind. Ihr Verstand kennt sie unter den Namen Denken und Fühlen. Wissen Sie noch, dass wir gesagt haben, alles Erschaffene besäße Form und Energie? In Bezug auf die Intuition entspräche das Denken der Form und das Gefühl der Energie. Das Denken umfasst mentale Prozesse wie Logik, Analyse, Schlussfolgerungen und Synthese. Denkprozesse sind nicht kreativ. Sie sind schlüssig, betrachten bereits bestehende Dinge und definieren sie. Gefühle (ich setze hier der Einfachheit halber Gefühle und Emotionen gleich) sind das Gegenteil von Denken. Gefühle sind abstrakt und expansiv. Das Fühlen, zu dem auch die Vorstellungskraft zählt, hat die Kraft, uns mitzunehmen in unbekannte Welten.

Einstein hat einmal gesagt, Fantasie sei wichtiger als Wissen. Dem kann ich nicht zustimmen, und ich erkläre Ihnen auch, warum. In einem gesunden Geist arbeiten Denken und Fühlen zusammen. Sie sind wie Zug und Schiene. Ihre Denkschienen sind geordnet, definiert und führen in eine bestimmte Richtung auf Ihr Ziel hin. Ihr Emotionszug liefert die Energie und den Antrieb, den Sie benötigen, um dieses Ziel zu erreichen. Ohne die Schienen würde der Zug im Kreis fahren und wüsste nicht, in welcher Richtung das Ziel liegt. Ohne den Zug haben die Schienen keine Funktion. Ob Sie nun ein Wissenschaftler sind oder Lieder schreiben, der kreative Prozess ist in beiden Fällen gleich. Das Problem besteht allein darin, von Ihrem jetzigen Standort aus zum Ziel zu gelangen. Zuerst kommt das Gefühl. In Form eines Wunsches bringt das Gefühl Sie dazu, in Bewegung zu kommen, und dann liefert das

Denken die Werkzeuge und die Richtung, die zur Wunscherfüllung benötigt werden. Wenn Einstein allerdings meinte, Fantasie sei wichtiger, weil sie zuerst kommt, dann kann ich problemlos auf den Einstein-Zug aufspringen und mit Lichtgeschwindigkeit den Sternen entgegenrattern.

Intuition ist das erste Kind des Eu-Gefühls, die erste Form der Liebe, die nicht universell ist. Intuition trägt die Zwillinge Denken und Fühlen in ihrem Schoß. Werden sie geboren, trennen sich ihre Wege. Zuvor jedoch, eingekuschelt im Schoß der Intuition, sind sie unzertrennlich. Und genau wie alle Zwillinge werden sie stets eine außergewöhnlich starke Verbindung zueinander haben, ganz gleich wie weit voneinander sie entfernt sind. Sie sind im Grunde eins, wie die zwei Seiten derselben Medaille.

Wenn Sie Ihre Intuition wahrnehmen, wie Sie dies bei der Eu-Stille-Entscheidungstechnik getan haben, werden Sie der Zwillinge Denken und Fühlen gewahr, bevor sie sich trennen. Das macht die Intuition zu so etwas Besonderem. So erhalten Sie in Form eines Geistesblitzes die Antwort für Ihr Problem. Das Gefühl, dass die Antwort absolut richtig ist, geht Hand in Hand mit dem Denken, was man tun müsste, um die Lösung zu erreichen. Wenn Sie die Intuition klar wahrnehmen, dann arbeiten Ihr Denken und Fühlen in vollkommener Harmonie zusammen. Das heißt, Sie sind vereint im Einssein und sitzen in puncto Schöpfung in der ersten Reihe – und das aufgeführte Stück ist das Zusammenspiel von Denken und Fühlen.

Würde man unter allen Menschen eine Umfrage durchführen, würde man feststellen, dass sie grob in zwei Lager unterteilt sind: Denker und Fühler. Mir ist natürlich klar, dass dies eine eher allgemeine und grobe Unterteilung ist, aber haben Sie einen Moment Geduld mit mir und Sie werden sehen, worauf ich hinaus will. Sobald das Denken und Fühlen Form annimmt, entsteht das gesamte Feld der Gegensätze, insbesondere Negativität und Positivität. Nehmen wir doch einmal den klassischen Wissenschaftler, der sich für einen objektiven Beobachter hält und die Wissenschaft für ein Abbild dieser Objektivität. Er meint, dass es dem Künstler, der die Welt des Abstrakten liebt, an Logik und Disziplin fehlt. Der Künstler wiederum fühlt sich in einer Welt ohne Begrenzungen recht wohl und hält das Leben des Wissenschaftlers für künstlich und trocken. Der Punkt ist nun, dass beide sich innerlich dem anderen überlegen fühlen, ist es nicht so? Der Wissenschaftler, der das unstrukturierte Denken des Künstlers nicht nachvollziehen kann, fühlt sich eher in der Welt der Gesetze, Formeln und Daten wohl. Wenn Sie einen Künstler in diese Grenzen zwängen, verurteilen Sie ihn zum Tod durch Langeweile. Weder der Wissenschaftler noch der Künstler können den Standpunkt des anderen schätzen und so bleiben sie entzweit, im Widerstand und nicht kompromissbereit. Keinem der beiden ist klar, dass er ohne das Meistern der anderen Seite unvollständig bleibt.

Diese negativen und nicht anpassungsfähigen Haltungen sind wie Unkraut im Garten der Liebe. Sie wurzeln im felsigen Boden der niedrigen Bedürfnisse in Maslows Pyramide. Wenn Sie der Eu-Stille gewahr sind, sind Sie ein lebender, atmender Transcender. Sie haben sich mit der Intuition angefreundet und tänzeln mit Leichtigkeit durch den Garten perfekter Imperfektion. Und wie jeder Meistergärtner wissen Sie, dass Unkraut zum Leben dazugehört. Ihre Akzeptanz speist sich weder aus einer oberflächlichen Philosophie noch einer ausgedachten bildlichen Vorstellung. Sie müssen Liebe nicht kultivieren. Sie nehmen den Schoß der Intuition wahr, in dem die Zwillinge des Denkens und Fühlens vereint sind, und können daher den Ausdruck beider auf jeder Ebene des Lebens schätzen. Sie müssen das eine nicht höher halten als das andere. In der Eu-Stille ruhend beobachten Sie einfach still, wie sich die jeweiligen Energien in Ihrem Geist entfalten. Im Gewahrsein der alles durchdringenden Einheit sind Sie frei vom Einfluss der Gegensätze.

Wenn Sie in der Eu-Stille weilen, nehmen Sie die Stille als das wahr, was allem und jedem gemein ist. Dennoch erkennen Sie weiterhin Gegensätze und haben individuelle Vorlieben. Auf tiefster Ebene jedoch wissen Sie den Wert von allem zu schätzen und genau darin liegt der Unterschied. Sie müssen nicht den einen Standpunkt verteidigen und den anderen schlecht machen. Vielleicht entscheiden Sie sich kurzfristig dafür, dies zu tun, aber letztendlich nehmen Sie Ihr Sein jenseits von Gegensätzen wahr. Das ist genau die Art, wie Transcender letzten Endes alle Gegensätze sehen: mit Akzeptanz und Gleichmut. Je mehr Sie in der Lage sind, Gegensätze zu akzeptieren, umso besser erkennen Sie die Genialität der Schöpfung, was Ihre Wahrnehmung schärft, Ihre Wertschätzung erhöht und die universelle Liebe noch tiefer und fester in Ihrem Gewahrsein verankert.

Jetzt haben wir uns über mehrere Seiten hinweg mit der theoretischen Funktionsweise universeller Liebe beschäftigt, was natürlich vor allem unseren Verstand befriedigt hat. Dabei ist das besonders Wunderbare an universeller Liebe, dass man sie nicht verstehen muss, um sie leben zu können. In Wirklichkeit können wir das Universelle dieser Liebe gar nicht verstehen. Aber wir können in ihrer Fülle wandeln und ihre Widerspiegelung selbst in den alltäglichen Formen des Lebens feiern. Wie? Die Antwort kennen Sie bereits. Werden Sie der Eu-Stille gewahr und spielen Sie damit!

Und wo wir gerade beim Thema Spielen sind, kommt hier gleich eine kleine Übung, die Ihnen hilft, Denken und Fühlen stärker in Einklang zu bringen.

> **Die Eu-Stille-Erfahrung universeller (grenzenloser) Liebe**
> – Werden Sie der Eu-Stille gewahr (1 bis 2 Minuten).
> – Denken Sie an eine Zeit, in der Sie grenzenlose Liebe gespürt haben (von Ihnen ausgehend oder auf Sie gerichtet).
> – Werden Sie der Gedanken rund um diese Liebe gewahr.
> – Werden Sie der Gefühle hinter den Gedanken gewahr.
> – Werden Sie erneut Ihrer grenzenlosen Liebe gewahr.
> – Werden Sie erneut der Gedanken und Gefühle gewahr und nehmen Sie wahr, dass sich Ihre grenzenlose Liebe in Ihren Gedanken und Gefühlen befindet; beide stammen aus der grenzenlose Liebe, bestehen aus ihr und sind gefüllt mit grenzenloser Liebe.
> – Werden Sie sanft und klar der grenzenlosen Liebe gewahr. Schauen Sie in sie hinein, um zu sehen, was sich in ihr befindet. Sie werden dort die absolute Stille finden: Eu-Stille.
> – Werden Sie der Eu-Stille gewahr (30 Sekunden).
> – Werden Sie des Eu-Gefühls gewahr ...

Nichts fühlt sich besser an als zu wissen, wohin man will. Dieses Selbstvertrauen erhöht die Lebensqualität enorm und ist eine der Freuden des vollständigen Menschseins. Nun ist es an der Zeit, unseren Blick nach außen zu richten, um uns die Beziehungen anzuschauen, die wir zu all den anderen Seelen haben, die mit uns diesen blauen Planeten bevölkern. Jetzt ist es an der Zeit, über uns hinauszugehen und uns als Spezies hin zur universellen Liebe zu bewegen. Der erste Schritt der Reise besteht darin, uns darüber klar zu werden, wo wir uns momentan befinden. Dann müssen wir die neuen Gesetze lernen, die unsere Transformation steuern. Beginnen werden wir mit einer außerordentlich tief gehenden Erkenntnis eines Anthropologen, der zum Systemwissenschaftler wurde. Er hat eine einfache, unwiderlegbare Wahrheit entdeckt, die zum Tod des Systems führt, wenn man sie ignoriert. Wie sieht diese erstaunliche Entdeckung aus und auf welche Weise können wir sie in unserem Leben anwenden?

Nun, worauf warten Sie noch! Blättern Sie weiter zum nächsten Kapitel!

Kernpunkte

- Liebe: Wenn zwei Dinge sich vereinen, um eine größere Harmonie zu erzeugen.
- Universelle Liebe ist die Kraft, die vereint.
- Universelle Liebe kann nicht gelernt werden, indem man Vergebung, Nächstenliebe, Annahme, Gelassenheit oder Ähnliches übt. Universelle Liebe kann nur durch direktes Erleben gelebt werden.
- Eu-Stille ist universelle Liebe ohne Form und Ausdruck. Eu-Gefühl ist ausgedrückte universelle Liebe. Das Eu-Gefühl ist das Kind der Eu-Stille.
- Intuition ist die leiseste, feinste, ausgefeilteste Widerspiegelung des Eu-Gefühls.
- Denken und Fühlen entstehen im Schoß der Intuition.
- Die „Denker" und „Fühler" dieser Welt finden in der Eu-Stille eine gemeinsame Plattform, sowohl untereinander als auch in sich selbst.

Kapitel 14

Die Transformationstheorie: Die Entfaltung universeller Liebe

Das Außergewöhnliche an der Natur ist, dass jeder Erfolg zum Versagen führt: Einen Erfolg zu wiederholen führt unausweichlich zu Versagen!
George Land, Entdecker der Transformationstheorie

Es war ein sehr heißer Tag im Juli 2013. Die Klimaanlage des Leihwagens kämpfte tapfer gegen die 43 Grad Celsius an, die auf der anderen Seite meiner Autoscheibe herrschten. Dennoch fühlte es sich an, als wolle die Hitze vor sich selbst fliehen und bei mir Schutz suchen. Und das künstliche, zunehmend gefährdete Mikroklima halbwegs erträglicher Luft im Inneren meines Autos stand sichtlich kurz vor dem Kollaps. Die Hitze war an diesem Tag nicht gerade mein Freund.

Vielleicht fragen Sie sich, welcher Teufel mich denn wohl geritten hatte, mitten im Sommer in die Wüste Arizonas zu fahren. Nun, die Antwort lautet, dass ich auf dem Weg zu einem Wissenschaftler war. Genauer gesagt würde ich in Kürze, wenn meine Reifen nicht zwischenzeitlich schmolzen, auf George Ainsworth Land treffen, Systemwissenschaftler und Entdecker der Transformationstheorie. Laut des Navigationssystems im Leihwagen befand ich mich etwa drei Meilen vom Haus von Dr.

Land entfernt und ich spürte, wie mich gespannte Erwartung durchflutete. Kennengelernt hatte ich die Arbeiten von Dr. Land vor rund 15 Jahren. Damals hatten sie in mir ein massives Umdenken bewirkt und die Grundsätze meines Lebens und Lehrens über den Haufen geworfen. Durch die Transformationstheorie erkannte ich plötzlich Ordnung in einer Welt, die mir zuvor chaotisch erschienen war. Ich werde Ihnen das gleich näher erläutern, aber kehren wir noch einmal für einen Moment in mein Auto zurück.

Ich bog rechts ab und rollte in die Einfahrt von Dr. Lands Haus. Dann nahm ich mir einen Moment Zeit, um mich zu sammeln. Dr. Land war mittlerweile Mitte achtzig und ich erwartete einen eher gebrechlichen und leicht gebeugten Mann, der mit schlurfenden Schritten auf mich zukommen würde. Ich ermahnte mich innerlich, lauter und langsamer zu sprechen als gewöhnlich, damit er mich auch hören und verstehen konnte. Dann klopfte ich beherzt an die Tür und wartete.

Ich schrak förmlich zusammen, als die Tür aufgerissen wurde. Vor mir sah ich einen groß gewachsenen Mann mit muskulösen Armen, die sich nach mir ausstreckten. Ich hätte womöglich auf dem Absatz kehrtgemacht und wäre davongelaufen, hätte ich nicht in seine klar und freundlich dreinblickenden blauen Augen geschaut, in denen ein wissendes Funkeln blitzte. Über diesen Augen tummelten sich zwei pelzige weiße Raupen von Augenbrauen. Das sonnengebräunte Gesicht wurde umrahmt von einem schneeweißen Bart und weißem Haar, sodass man fast meinen konnte, sein Gesicht schwebe in den Wolken.

„Ich freue mich, Dir endlich persönlich zu begegnen, Frank", sagte er, wobei seine tiefe, resonante Stimme rumpelte wie leiser Donner. Die gleichzeitig erfolgende Umarmung war so kräftig, dass jeglicher Gedanke an Gebrechlichkeit verflog. Kurz darauf hatten wir es uns in George Lands Wohnzimmer gemütlich gemacht, Papiere und Bücher zwischen uns auf dem

14. Die Transformationstheorie: Die Entfaltung universeller Liebe

Mosaiktisch ausgebreitet. Ich verbrachte den gesamten Tag und einen Teil des folgenden damit, Fragen zu stellen und alternative und hypothetische Szenarien aufzuwerfen. Vor allem jedoch badete ich in der Quelle der Weisheit, die aus dem Geist dieses scharfsinnigsten aller Beobachter der verborgenen Lektionen des Lebens sprudelte. Und nun erkläre ich Ihnen, worum es bei diesen Gesprächen ging.

Die Transformationstheorie ist eine Möglichkeit zu verstehen, wie die Natur in perfekter Harmonie wächst und sich entwickelt. Die Natur macht genau das, was sie soll und wann sie es soll. (Schon allein diese Erkenntnis hat vielen Frieden und Gelassenheit beschert, die nach irgendeiner Art von Ordnung und Sinn in der Welt gesucht haben.) Dabei ist sie nicht nur reaktiv, sondern auch kreativ. Und diese Kreativität äußert sich in drei klar abgegrenzten Ebenen, drei einzigartigen Phasen von Wachstum und Wandel. Alles, was es in der Natur gibt – vom Atom bis zur Galaxis, von Erdmännchen bis zu Taxis –, durchläuft drei Phasen des Wachstums und des Wandels. Sobald Sie verstanden haben, wie diese drei Ebenen miteinander agieren, haben Sie eine Straßenkarte, die Ihnen genau zeigt, woher Sie gekommen sind, wo Sie sich derzeit befinden und wohin Sie gehen. Zu wissen, was die Natur von Ihnen erwartet, hilft Ihnen dabei, die Schlaglöcher und Sackgassen zu vermeiden, die dem uninformierten Reisenden so viel Kummer bereiten. So schaffen Sie die besten Voraussetzungen für ein produktives, erfolgreiches und glückliches Leben.

In seinem Buch *Breakpoint and Beyond: Mastering the Future Today* (nicht in deutscher Sprache erhältlich; Anm. d. Verlags.), das er gemeinsam mit seiner Frau und Seelengefährtin Beth Jarman geschrieben hat, sagt George Land: „Ich habe mich eingehend mit Biologie, Genetik, Chemie, Anthropologie, Psychologie, Kosmologie und Atomphysik beschäftigt und festgestellt, dass in *allen* Fällen der gleiche kreative Prozess am Werk ist. Diese Erkenntnis hat mein Leben radikal verändert. Sie hat mir geholfen zu verstehen, wie alles zusammenpasst und funktioniert. Plötzlich ergab alles in meinem Leben, das mir zuvor so chaotisch und willkürlich erschienen war, einen Sinn. Auch verhalf mir die Erkenntnis zu dem Wissen, wie ich durch Anwenden der einfachen Gesetze der Natur erfolgreich mit großen Veränderungen in meinem eigenen Leben umgehen und die Organisationen unterstützen konnte, mit denen ich zusammenarbeite."

(Hinweis: Land bezeichnet die drei Phasen der Transformation als *Formen*, *Normieren* und *Erfüllen*. Ich hoffe, er verzeiht mir, wenn ich sie für unsere Zwecke umbenenne in *Überleben*, *Expandieren* und *Liebe*.) Jede Phase hängt vom erfolgreichen Abschluss der vorhergehenden ab. Sie können nicht gleich vom Überleben zur Liebe springen. Das lässt die Natur nicht zu. Jede Phase hat zudem ihre ganz eigenen Gesetze, die befolgt werden müssen, wenn Sie Erfolg haben wollen. Wie Sie noch sehen werden, bedeutet das Brechen dieser Gesetze sicheres Versagen. Ich habe Menschen schon häufig sagen hören, die Natur sei grausam. Aber die Natur wirkt nur grausam, wenn man die Gesetze nicht versteht, die einem Ereignis zugrunde liegen. Grausamkeit ist eine menschliche Erfindung. Ein Flächenbrand, dem Tausende Hektar Wald zum Opfer fallen, mag uns als grausame Verschwendung erscheinen, bis wir den Nutzen eines Waldbrands verstehen, der wuchernde Unkräuter und Pflanzenkrankheiten ausradiert, den Waldboden reinigt, ihn für Luft und Wasser zugänglich macht und für mehr Nährstoffe sorgt. So etwas gehört zum natürlichen Lebenszyklus eines gesunden Waldes. Es ist der selbstsüchtige menschliche Verstand, der diesen natürlichen Prozess als Fehler ansieht. Nutzen wir alle diese Chance, um unseren Verstand von falschen Vorstellungen zu bereinigen und uns gleichzeitig klarzumachen, welch bemerkenswertes natürliches Phänomen wir sind.

Beginnen wir, indem wir die einzelnen Phasen der Transformationstheorie näher betrachten. Phase 1, das Überleben, ist gekennzeichnet durch das Erfinden, ein dynamisches Erforschen, um Muster und Prozesse zu finden, die den Organismus mit seinem Umfeld verbinden. Die kreative Energie der Expansion (Phase 2) ist darauf gerichtet, auf erfolgreich Eingesetztem aufzubauen. Das Wachstum in dieser Phase ergibt sich daraus, dass man alles, was funktioniert, wiederholt, verbessert und ausweitet. In Phase 3, der Liebe, taucht die Innovation auf, das heißt, es wird etwas komplett Neues und anderes geschaffen, unter Einbeziehung von Elementen, die in Phase 1 verworfen wurden. Ich werden Ihnen die drei Phasen gleich näher erklären und auch Beispiele aus der Natur und aus Beziehungen anführen. Wenn Sie diese einfachen Prinzipien verstehen und wissen, wie man sie umsetzt, können Sie Ihr Leben von Grund auf verändern.

Die drei Phasen der Transformationstheorie

– Phase 1 – Überleben: Das Stadium des Wachstums, in dem die Kreativität auf Erfindungen gerichtet ist. Der wachsende Organismus sucht nach einem ersten Muster erfolgreichen Wachstums, das ihn mit seiner Umgebung verbindet.
– Phase 2 – Expansion: Nachdem ein erstes Muster erfunden wurde, muss die Kreativität sich zum Zwecke weiteren Wachstums darauf verlagern, auf einem Muster aufzubauen, indem dieses wiederholt, verbessert und erweitert wird.
– Phase 3 – Liebe: Ein System öffnet sich für kreative Innovation. Dies erfordert das Vereinen und Integrieren dessen, was zuvor ausgeschlossen war sowie das Einbeziehen von Neuem und Anderem in das alte Muster.

Nach Auffassung von Land ist ein System eine Sammlung aus Teilen, die zusammen ein vereintes Ganzes ergeben. Diese Definition ist wichtig, weil die drei Phasen der kreativen Transformation in jedem System am Werk sind. Auf organischer Ebene könnte ein System ein Einzelwesen, eine einzelne Zelle, die

Geschichte der Zellentwicklung, eine Organisation oder eine ganze Kultur sein, ebenso wie ein Molekül, ein Berg, ein Maserati oder unsere lebende, atmende Erde. Aber wenden wir uns nun dem Kern der Transformationstheorie zu.

Betrachten wir als erstes den Lebenszyklus einer Eichel. Die Eichel fällt vom Baum, wird von Blättern und Erde bedeckt und wartet darauf zu keimen. Sobald der Keimvorgang beginnt, beginnt die Überlebensphase. Die keimende Eichel muss schnell ihre Umgebung sondieren, um sprießen und wachsen zu können. Dazu muss sie als Erstes feststellen, wo es nach oben geht. Auch muss sie die richtige Menge an Wasser und Nährstoffen aufnehmen und Giftstoffe abgeben. Wenn irgendetwas nicht optimal ist, der Boden also beispielsweise zu sauer, muss die Eichel sich rasch anpassen, um weiter sprießen zu können. In der Überlebensphase muss der Keimling aufnehmen, was gut für ihn ist, und eliminieren, was ihm schadet.

Wenn alles klappt, stabilisiert der Keimling sein Wachstum und wird zum Schössling. Die Aufgabe des Schösslings besteht darin, zu einer mächtigen Eiche heranzuwachsen. Er weiß bereits, was er braucht, um dorthin zu gelangen: Er muss wiederholen, was erfolgreich war, es weiter verbessern und ausweiten. Das sind die Hauptattribute von Phase 2, der Expansionsphase. Jetzt dreht sich alles darum, dass der Schössling zum Baum wird. Wie ein Kind nimmt der Schössling alles, was er braucht, aus der Umgebung und nutzt es, um größer und stärker zu werden. Die Umgebung des Schösslings gibt ihm alles, was er benötigt, und erhält im Gegenzug doch nur wenig zurück.

Wenn der Schössling schließlich zum Baum wird, ändert sich dies, denn nun beginnt er, seiner Umgebung etwas zurückzugeben. Das ist ein Hauptmerkmal von Phase 3, der Liebesphase. Wissen Sie noch? Liebe ist, wenn zwei Dinge sich vereinen, um eine größere Harmonie zu erzeugen. Die Umgebung fährt fort, den Baum zu nähren, aber jetzt ist der Baum in der Lage, etwas zurückzugeben. Die gewachsene Eiche säubert die Luft, bekämpft Treibhausgase und erzeugt Sauerstoff. Sie gibt Feuchtigkeit an die Atmosphäre ab, mindert die Wasserverschmutzung und Bodenerosion, düngt den Boden, bietet Tieren und manchmal auch Menschen Nahrung sowie ein schützendes Kronendach und erzeugt Eicheln, damit der Kreislauf sich fortsetzen kann. Kurz gesagt: Alle profitieren von der synergistischen Liebesbeziehung zwischen der Eiche und ihrer Umgebung.

An dieser Stelle ist es wichtig anzumerken, dass jede der drei Phasen auch Merkmale der anderen beiden umfasst. Allerdings gibt es in jeder Phase Attribute, die eindeutig überwiegen. So wird beispielsweise die Expansionsphase dadurch charakterisiert, dass man herausfindet, was funktioniert, und dieses dann verbessert und ausweitet. Dennoch enthält auch diese Phase einzelne Teile der ersten Phase des Überlebens und Erfindens oder der dritten Phase des Einsatzes von zuerst verworfenen Ideen und Erfahrungen. In jeder Phase gibt es nur eine primäre und treibende Kraft, auch wenn sich einzelne Attribute anderer Phasen finden lassen.

Nun ist das mit der Eiche ja alles gut und schön, aber was bedeutet dieses Modell für die Beziehung zwischen zwei Menschen? Werfen wir einmal einen Blick auf John und Marsha, wie sie auf dem Weg zur universellen Liebe die drei Phasen ihrer Beziehung durchlaufen. Blicken wir ihnen über die Schulter, wie sie sich begegnen, sich verlieben, eine stabile Beziehung aufbauen und daran wachsen, am Ende der zweiten Phase einen Krisenpunkt erreichen und schließlich in der Phase der transformierenden Liebe eine ganz neue Beziehung aufbauen.

John hatte sich den letzten freien Außentisch im gut besuchten Café gesichert. Gerade blätterte er auf seinem brandneuen Smartphone durch seine Facebook-Seite und nippte dabei an seinem Milchkaffee mit Karamellaroma, ohne Sahne, mit Streuseln, als er aufblickte und sie sah. Sie stand mitten in einem Sonnenstrahl, ganz so, als wäre sie gerade vom Himmel herabgestiegen. Offensichtlich hielt sie Ausschau nach einem Sitzplatz und ohne nachzudenken, stand John auf und streckte seinen Arm nach oben, um ihr den Platz an seinem Tisch anzubieten. In diesem Moment nahm Marsha ihn zum ersten Mal wahr und unwillkürlich ging ein Leuchten über ihr Gesicht. Ihre Füße setzten sich wie von selbst in Bewegung, noch bevor Ihr Verstand begriff, dass sie die Einladung angenommen hatte. Nach ein paar Minuten belanglosem Smalltalk wurde das Gespräch schnell vertrauter. Obwohl sie sich noch nie gesehen hatten, fühlte es sich für John und Marsha so an, als wären sie alte Freunde. Als er am verräterischen Schlürfen hörte, dass Marsha der Kaffee ausgegangen war, bot er galant an, für Nachschub zu sorgen.

„Was darf ich Dir mitbringen?", fragte er sie.

Als sie „einen Milchkaffee mit Karamellaroma, ohne Sahne, mit Streuseln" antwortete, wusste John, dass er gerade seine Seelengefährtin fürs Leben gefunden hatte. Phase 1 der Beziehung legte einen Bilderbuchstart hin.

In den kommenden Monaten verbrachten Marsha und John jede freie Minute miteinander. Sie gingen zu Konzerten und ins Kino, wanderten und machten Radtouren, lernten gemeinsam Tango und tanzten die Nächte durch. Sie führten lange Gespräche über das, an was sie glaubten, ihre Hoffnungen und Ängste, und ließen einander tief in die Seelen des anderen blicken. Sie lachten, sie liebten sich und sie testeten die Grenzen ihrer aufkeimenden Bindung aus. Sie bescherten einander neue Sichtweisen, Gefühle und Erfahrungen und erkundeten gemeinsam alles mit einer Leidenschaft, wie nur die junge Liebe sie kennt.

Nicht alles funktionierte reibungslos. Sie besuchten eine Galerie, in der abstrakte Kunst gezeigt wurde. Marsha war begeistert, während John sein immer häufiger werdendes Gähnen notdürftig hinter der Hand verbarg. Er nahm sie mit zu einem Hockeyspiel. Während John die meiste Zeit brüllend und Fäuste schwenkend stand, hielt sich Marsha abwechselnd Ohren und Augen zu, da sie den Lärm und die Aggressivität abstoßend fand. Was nicht funktionierte, blieb stillschweigend auf der Strecke, während sie immer wieder nach neuen Erfahrungen suchten, die sie miteinander teilen konnten.

Als ihre Zuneigung zueinander weiter wuchs, läuteten sie die zweite Phase ihrer Beziehung ein – sie wiederholten, verbesserten und erweiterten das, was funktionierte. Sie fanden ein günstiges Appartement in der Stadt, zogen zusammen und entwickelten feste Gewohnheiten. Sie sahen ihre Beziehung als den Beginn eines lebenslangen Versprechens, gemeinsam zu wachsen und sich gegenseitig zu unterstützen. Die Dinge wurden weniger spontan und vorhersehbarer. Sie gaben ihre nächtelangen Gespräche zugunsten einer gesunden Portion Schlaf auf. Sie verzichteten auf ein Wochenende am Meer und gingen stattdessen im Park spazieren, um Geld für ein Heimkinosystem zu sparen. Sie bekamen verantwortungsvollere Posten, die mit verantwortungsvolleren Freunden einhergingen. Als eine Art kleiner Übung für das, was kommen sollte, adoptierten sie einen acht Wochen alten Labrador Retriever und tauften ihn auf den Namen Lady. Nachdem sie sechs Monate zusammengelebt hatten, ging John vor Marsha auf die Knie und machte ihr einen Heiratsantrag. Sie sagte ja und genau ein Jahr später schlossen sie den heiligen Bund der Ehe.

In den ersten sieben Jahren ihrer Ehe erlebten John und Marsha eine Vielzahl an Freuden. Sie setzten zwei wunderbare Kinder in die Welt, einen kleinen Wildfang namens John Junior und ein intelligentes, neugieriges Mädchen namens Alexandra. Beide wurden befördert und Marsha besuchte parallel die Abendschule, um ihren Master-Abschluss nachzuholen. Sie kauften ein Haus in einem gepflegten Vorort, in dem es gute Schulen gab. John und Marsha waren stolz auf ihr Leben und blickten mit Begeisterung und Hoffnung in die Zukunft.

Während der folgenden sieben Jahre begann der Glanz

langsam zu verblassen. John und Marsha waren älter geworden. Die Energie und Begeisterung der Zwanziger wich langsam der Tretmühle und verbissenen Entschlossenheit der Dreißiger. Die Kinder, der Job und die finanzielle Belastung fraßen die gesamte Energie, sodass sie kaum echte Zeit miteinander verbrachten.

Mit Anfang 40 beschlichen sowohl John als auch Marsha heimlich das Gefühl, dass in ihrer Ehe etwas fehlte. Durch all die Verpflichtungen, die sie sich auf dem Weg zu einer glücklichen, funktionierenden Familie auferlegt hatten, blieb kaum noch Zeit für den Partner. Wo ihre Leben sich einst umeinander gedreht hatten, verging die Zeit mit unzähligen anderen Aktivitäten. Neben der Arbeit mussten die Kinder zu zahllosen Terminen und Verabredungen gefahren werden, der Einkauf musste erledigt werden, man traf Freunde, reparierte das Haus, bezahlte Rechnungen, engagierte sich in der örtlichen Kirchengemeinde und so weiter. Entspannte Gespräche, in denen sie sich von ihrem Tag erzählten, ihre Meinung über aktuelle Ereignisse austauschten, über Nachbarn und die Familie tratschten und von der Zukunft träumten, wurden zur Seltenheit. Wenn sie von ihrem Jahresurlaub zurückkehrten, der ursprünglich der Erholung dienen und etwas Spaß und Abenteuer ins Leben bringen sollte, waren sie erschöpfter als vor der Abreise. Sex wurde zu einem seltenen Akt von kurzer Dauer, eher ein Mittel zur körperlichen Entspannung als ein Akt der Leidenschaft, der Zeit und Zärtlichkeit erforderte. Gespräche vor dem Einschlafen, die einst vertraut und inspirierend waren, bestanden nur noch aus ein paar Worten, bevor man in den Schlaf versank.

Die tiefe innere Unzufriedenheit, die beide mit sich herumtrugen, begann sich auch im Außen zu zeigen. Sie fingen an sich zu streiten und schnippische Bemerkungen zu machen. Bei der Arbeit und auf Partys trafen sie Menschen, die ihnen die Freiheit und den Spaß vor Augen hielten, den sie einst miteinander gehabt hatten. Sie begannen sich zu fragen, wie es wohl mit einem anderen Partner sein würde. Sie fühlten sich schrecklich allein. George Washington sagte einmal, es sei besser allein zu sein als in schlechter Gesellschaft. Er glaubte, es sei besser sich aus einer Beziehung zu entfernen, als in einer zu bleiben, die nicht funktioniert. Am Ende von Phase zwei hegen Paare häufig so viel Feindseligkeit gegenüber dem Partner, dass sie zwar mit ihm zusammenbleiben, sich aber emotional abschotten und den Rest des Lebens in selbst gewählter Abgeschiedenheit verbringen. Das Paar kann nicht zur Überschwänglichkeit zurückkehren, die es in der ersten Phase empfand, oder dem Gefühl etwas erreicht zu haben, das ein Merkmal der zweiten Phase ist. Und noch fehlt der Schlüssel, um sich der universellen Liebe zu öffnen, die es in Phase 3 erwartet. Die Partner stecken fest, und wie wir wissen, kann man nicht an einem Ort bleiben. Land formuliert es so: Man wächst oder man stirbt. John und Marsha schauten hilflos zu, während das Schöne, das einst ihre Beziehung ausmachte, langsam verschwand.

Genau das meint George Land, wenn er sagt: „Nichts versagt so wie der Erfolg." John und Marsha waren erfolgreich darin, in Phase 1 ihre Beziehung zu erforschen und den Übergang zu Phase 2 zu schaffen, in der sie dann ihre Beziehung ausbauten und erweiterten. Als sie eine Bilanz ihrer Umstände zogen, stellten John und Marsha fest, dass sie ein gutes Leben hatten. Sie sollten voller Freude über all das sein, was sie erreicht hatten. Warum fühlten sie sich dann in Zeiten der Besinnung so einsam, unzufrieden miteinander und dem Leben im Allgemeinen? Keinem von beiden war klar, dass es an der Zeit war, weiterzugehen – nicht zu einem neuen Partner oder anderen Leben, sondern zur nächsten Phase der Transformation. Was das unglückliche Paar nicht verstand, war einer der Grundpfeiler der Transformationstheorie: Genau der Erfolg, den sie hatten, veränderte ihr Umfeld. Aus den Veränderungen erwuchsen für beide neue und andere Bedürfnisse. Der relativ lockere Lebensstil von Phase 1 wurde zur stabileren Routine von

Phase 2. Mit den sich verändernden Bedürfnissen wandelte sich auch die Umgebung und aus dieser wiederum erwuchsen neue Bedürfnisse. Lassen Sie uns die ersten beiden Phasen aus einem etwas anderen Blickwinkel betrachten und dann entdecken, wie man mithilfe der Eu-Stille alles mit dem Band der universellen Liebe umschlingen und zu einem hübschen kleinen Paket zusammenschnüren kann.

Die Überlebensphase war angetrieben durch das Gefühl der Verliebtheit, es war eine Art Vorgeschmack auf die kommende universelle Liebe der dritten Phase. Die Expansionsphase ist geprägt durch stabile Planung und die Arbeit auf ein Ziel hin. Um ihre Beziehung zu transformieren, müssen John und Marsha zunächst die Spannung und den Überschwang der ersten Monate ihrer Überlebensphase wiederfinden. In den letzten Tagen der Phase 2 versuchten sie dies zu tun, indem sie Dinge von früher wieder aufleben ließen. Dabei muss man sich allerdings klarmachen, dass es niemals um das Ereignis an sich geht. Es war nicht das Frühstück früh um fünf im Café nach einer durchgequatschten Nacht, das die beiden einander nähergebracht hatte. Es war das Teilen dieses Erlebnisses mit einer verwandten Seele, die offen, lebendig und kreativ war und sie vollkommen unterstützte, die in ihnen diesen bemerkenswerten Lebenshunger weckte. Gemeinsam entdeckten sie ihren Einfallsreichtum und ihre Kreativität. Aber so etwas geht auf Dauer nicht gut, denn dem Leben in der ersten Phase mangelt es an Ordnung und Richtung und es verschlingt außerdem jede Menge Energie. Wie eine Sternschnuppe riskierten die beiden, kurz aufzuglühen und dann zu verlöschen. Um zu überleben, mussten sie zu den bedächtigeren Tätigkeiten des Organisierens, Planens und Planeinhaltens von Phase 2 übergehen. Das taten John und Marsha auch, aber leider blieb dabei eines auf der Strecke: die Spontaneität.

Auch ein zweiter wichtiger Grundsatz der Transformationstheorie war dem Paar nicht bekannt. Dieser besagt, dass ein erfolgreiches System – in diesem Fall die Beziehung von John und Marsha –, irgendwann so groß und komplex wird, dass seine Fähigkeit zu wachsen erschöpft ist. An diesem Punkt muss das System seine Beziehung zu sich selbst und dem Umfeld neu definieren. Eine neue Definition von Wachstum ist erforderlich, weil die alte Erfolgsformel nicht mehr funktioniert. Nichts scheitert so sehr wie der Erfolg. Und für John und Marsha war es an der Zeit, die wahre Bedeutung von Liebe kennenzulernen.

Eckart Tolle, der heute oft als eine der einflussreichsten Persönlichkeiten im spirituellen Bereich bezeichnet wird, sagt, dass nicht das Verlieben der Grund für eine Beziehung ist, sondern das Gewahrwerden. Tolle bezieht sich hier auf die bedingte Liebe. Aber was ist es, dessen wir gewahr werden sollen? Tolle befürwortet das Gewahrsein der reinen Bewusstheit als Fundament für universelle Liebe. Wenn Sie der reinen Bewusstheit gewahr werden, gehen Sie über die bedingte Liebe hinaus, stellen Ihre Liebesskala um auf bedingungslose Liebe und dienen fortan in der Welt als Inspiration für Gesundheit, Freude und Harmonie. Sie verstehen nicht nur das Konzept, sondern Sie wissen, wie man universelle Liebe *ist*. Tolle glaubt, dass diese einfache Wahrnehmungsverlagerung die Menschheit vor der Selbstzerstörung bewahren kann – und ich stimme ihm zu.

Sie sehen also, in welchem Dilemma John und Marsha stecken. Weder können sie zu den innovativen Gefühlen der ersten Phase zurückkehren, noch im Gedankenkonstrukt der zweiten Phase verweilen. Wachstum liegt in der Natur des Lebens. Das Unbehagen und die Desillusionierung, die sie erleben, belegt eindeutig, dass ihre Beziehung wie ein unbewohntes Haus in sich zusammenfällt. Mutter Natur flüstert zunächst sanft und dann immer eindringlicher: „Es gibt einen Pfad jenseits der Verzweiflung, auf dem die Freude immer noch lebendig ist." Sie müssen nur zuhören.

Will man die Botschaften von Mutter Natur wahrnehmen, muss man sie in ihrer Essenz wahrnehmen. Es ist übrigens die gleiche wie Ihre. Eu-Stille enthält in Samenform alles, was Sie benötigen, um zu leben und zu lieben. Sie ist die Ordnung, die alle Gedanken und Dinge durchdringt. Wenn Sie der Essenz nicht gewahr sind, die alle Gedanken und Dinge verbindet, wissen Sie nicht, in welcher Beziehung zueinander sie auf der untersten Ebene stehen. Wenn Sie Ziegelsteine, Zement, Holz und Kabel sehen, können Sie jedes einzelne Ding würdigen. Was Sie nicht wissen können, ist, was der Architekt aus ihnen machen wird. Erst wenn er Ihnen den Bauplan zeigt, wissen Sie, dass am Ende ein 4-Zimmer-Bungalow dabei herauskommt und kein Fast Food-Restaurant.

Eines der Probleme von John und Marsha ist, dass wahrscheinlich keiner von beiden eine Vorstellung davon hat, wie eine Beziehung der Phase 3 aussieht, geschweige denn weiß, wie man sich verändern muss, um diese Liebe zu leben. Wie viele universell liebende Vorzeige-Paare hat man heutzutage schließlich zur Auswahl? Wenn ein Prozent der Bevölkerung Transcender sind, wie viel geringer ist dann die Wahrscheinlichkeit, dass zwei Transcender sich treffen, ausreichend Gemeinsamkeiten finden, um sich zu verlieben, und schließlich gemeinsam bis zur universellen Liebe vordringen?

Unsere Weltsicht erschaffen

Die folgende Tabelle stammt aus dem Buch *Breakpoint and Beyond* von George Land und Beth Jarman. Sie vergleicht die unterschiedlichen Blickwinkel von Menschen in der zweiten und dritten Phase, also der Expansions- beziehungsweise Liebe-Phase. Ich dachte, dass Sie es vielleicht interessant finden zu sehen, welche Weltsicht sich hinter den einzelnen Verhaltensweisen verbirgt. Im Allgemeinen kann man die Eigenschaften der Phase 2 mit den niedrigeren Bedürfnissen von Maslow vergleichen und die Phase 3 mit der Ebene der

Selbstverwirklichung. (Hinweis: In der ursprünglichen Tabelle standen die Begriffe „Normierung" und „Erfüllung", die ich durch „Expansion" und „Liebe" ersetzt habe.)

Unsere Weltsicht verändern

Von der Expansion (Phase 2) zur Liebe (Phase 3)

Denkweisen

logisch/rational	kreativ/imaginativ
linear/kontinuierlich	nichtlinear/diskontinuierlich
analysierend	zusammenfassend/integrierend
wissend	lernend/erkundend
deduktiv	induktiv
bewusst/berechnend	intuitiv

Grundhaltung

feste Meinung	Neugier
bewertend	auf Vision basierende Entscheidungen

Umgang mit der Vergangenheit

antworten/reagieren	initiieren/vorhersehen
mit der Vergangenheit vergleichen	die Gegenwart erleben
Monotonie	Staunen/Ehrfurcht/Begeisterung
Egoismus	gesundes Ego
Ko-Abhängigkeit	Unabhängigkeit
Disharmonie	Harmonie
Zynismus	Optimismus

Werte

Zuneigung	Liebe
Schuldgefühle	Selbstakzeptanz
Genuss um des Genusses willen	Freude
Verschlossenheit/Zurückhaltung	Offenheit/Ehrlichkeit
wettbewerbsorientiert	kooperativ
problemzentriert	möglichkeitszentriert
besitzen/erhalten	teilen
Gewinn/Verlust	Win-win-Situation
festhalten	loslassen
abwehren/sich verteidigen	sich zeigen
Sicherheit	Abenteuerlust

Einstellungen

Angst/Furcht/Sorge	Vertrauen/Staunen Bewunderung
Misstrauen	Vertrauen
Bewertung/Schuldzuweisung/Fehler	Akzeptanz
Mangel	Fülle
Grenzen	Potenzial
Sexismus/Rassismus	Unterschiede akzeptieren
gut/schlecht/richtig/falsch	keine Wertung
konservativ/traditionell	evolutionär
Wiederholung alter Muster	neue Ideen erforschen
Schützen der Vergangenheit	Zukunft schaffen

Copyright George Land. Alle Rechte vorbehalten.
Abdruck erfolgt mit freundlicher Genehmigung.

Selbstverständlich gibt es Beispiele für wunderbare langjährige Beziehungen, aber wenn Sie ein solches Paar nach seinem Geheimrezept fragen, hören Sie meistens nur Dinge wie „wir versöhnen uns immer vor dem Schlafengehen" oder „wir achten und respektieren einander". Wie die Liebesphase tatsächlich funktioniert, kann Ihnen keines dieser Paare erklären. Sie wissen nicht, warum sie einander so tief lieben. Sie wissen nur, dass sie es tun. All das wird sich nun ändern. Es ist an der Zeit, unser Augenmerk auf die praktischen Grundlagen universeller Liebe zu richten.

Wenn Sie Ihr Gewahrsein auf die Eu-Stille lenken, werden Sie als Erstes wahrnehmen, dass die Stille alles durchdringt. Das erzeugt ein Gefühl von Ganzheit, Vollständigkeit und zugrunde liegender Ordnung, und das wiederum ruft das Eu-Gefühl auf den Plan. Das Eu-Gefühl ist der Bauplan. Im Gewahrsein von Eu-Stille und Eu-Gefühl wandert Ihre Wahrnehmung nach außen zu den Ausdrucksformen von Intuition, Gefühl und Denken. Das sind die Holzbalken und Ziegel der Schöpfung. Eu-Stille ist das Potenzial, Eu-Gefühl ist der Ausdruck, der Architekt, der in seinem Kopf das Gesamtbild sieht – alle Teile und wie man sie verbindet.

George Land spricht häufig von etwas, das er die „Sogwirkung der Zukunft" nennt. Für ihn ist es die stärkste Kraft, die Wandel verursacht. Die Eu-Stille hält diese Kraft in ihrer Hand. Und was ist diese stärkste Kraft für Wandel? Das Eu-Gefühl! Wenn Sie der Eu-Stille gewahr werden, erwacht das Eu-Gefühl in Ihnen. Es leitet Sie und zieht Sie mit seinem Sog in Ihre Zukunft hinein.

Ihre zukünftige Phase 3 der universellen Liebe wird sich aus der Vergangenheit speisen, aus Menschen, Dingen und Situationen, die Sie zuvor übergangen haben. Zur gleichen Zeit werden Sie die neue Welt der Liebe betreten, das Zusammenfließen von Menschen und Ideen, Orten und Ereignissen, um eine ständig wachsende Harmonie zu erzeugen. Das Wahrnehmen der Eu-Stille versetzt Sie in eine einzigartige Position. Wenn Sie eine reine Wahrnehmung Ihrer inneren Essenz haben, wissen Sie, wann etwas nicht richtig für Sie ist. Wenn Sie ein Sandkorn in ein Glas schmutziges Wasser fallen lassen, werden Sie es nicht von den anderen Verunreinigungen unterscheiden können. Lassen Sie es hingegen in ein Glas klares Wasser fallen, können Sie es leicht erkennen. Ihre Intuition wird geschärft und ermöglicht Ihnen die perfekte Wahrnehmung. Sie sehen mehr Möglichkeiten für Harmonie und treffen häufiger richtige Entscheidungen. Sie werden merken, dass Sie öfter lächeln und lachen. Sie haben weniger Angst und sind nicht mehr übervorsichtig. Sie genießen die Gesellschaft anderer Menschen, brauchen sie aber nicht, um sich vollständig zu fühlen. Sie sind einfach Sie selbst. Auch fühlen Sie eine Verbundenheit, nicht nur mit Menschen, sondern auch mit Dingen. Sie erkennen, dass Sie und ein Stein die gleiche Essenz der Stille teilen. Regentropfen, die auf der Oberfläche einer Pfütze tanzen, können Sie mit unerwarteter Freude erfüllen. In der Stille ist alles lebendig.

Damit John und Marsha zu universell Liebenden werden, müssen sie zunächst ihre gegenwärtige Beziehung loslassen. Sie können unmöglich etwas Neues aufbauen, wenn sie am Alten festhalten. Ich denke da an einen Affen, der sich von Ast zu Ast schwingt. Er bewegt sich mühelos durch die Bäume, wenn er den einen Ast loslässt, um nach dem nächsten zu greifen. Lässt er nicht los, baumelt er für immer am Ende des einen Astes. Der Vergleich ist vielleicht ein bisschen albern, aber ich denke Sie wissen, was ich damit sagen will.

Was genau also lassen John und Marsha los? Sie lassen ihr Selbst los, die Bilder in ihrem Kopf, die ihnen sagen, wer sie sind. Das Album ist nicht mehr aktuell und es ist an der Zeit, es ins Regal zu stellen und neu zu beginnen. Diese neuen Bilder beginnen alle in der Stille. Das ist der neue Bezugspunkt, der Prüfstein der Stille. John und Marsha müssen sich zunächst mit ihrer eigenen inneren Essenz anfreunden. Tun sie dies nicht, wird jedes

Wort, das sie sprechen, und alles, was sie tun, auf einer niederen Motivation beruhen, z. B. Schuldgefühlen aus der Vergangenheit oder Angst vor der Zukunft. Ich nenne das Zukunft-Vergangenheit, weil wir dabei von der Vergangenheit zur Zukunft und zurückspringen, um herauszufinden, wer wir sind. Finden können wir uns jedoch nur in der unbeweglichen Stille.

Zum Übergang in die Liebesphase müssen John und Marsha also zunächst einmal unabhängig voneinander feststellen, wer sie sind, sie müssen also ihre innere Essenz kennenlernen. Oberflächlich betrachtet wissen sie bereits, wer der andere ist. Marsha weiß, dass John offensichtlich nicht in der Lage ist, die Kappe wieder auf die Zahnpastatube zu schrauben, und dass man ihn, wenn ihn etwas beschäftigt, ein bis zwei Tage lang in Ruhe lassen muss, damit er mit dem Problem herausrückt. John weiß, dass Marsha ihr Schnarchen leugnet, obwohl sie teilweise selbst nachts davon wach wird, und dass sie Angst vor dem Zeitpunkt hat, an dem die Kinder das Haus verlassen, obwohl bis dahin noch einige Zeit vergehen wird. Diese Persönlichkeitszüge sind wichtig zu verstehen, wenn es in der zweiten Phase um Wachstum und Expansion geht. Aber bevor diese relativ oberflächliche Betrachtung überschritten werden kann, muss etwas wesentlich Grundlegenderes verstanden werden. Sowohl John als auch Marsha müssen sich allein auf die Reise zur größeren Intimität des inneren Gewahrseins begeben. Sie müssen zunächst jeder für sich die Eu-Stille erfahren.

Das ist also der erste Schritt für John und Marsha: ihr inneres Selbst erkennen und sich damit anfreunden. Je vertrauter man mit der eigenen inneren Essenz wird, der universellen Liebe, umso stärker erkennt man sie auch in seinem Partner. Diese Erkenntnis ist so alt, dass schon Sokrates uns aufforderte, uns selbst zu erkennen. Man kann nur hoffen, dass John und Marsha das lernen, was Sie bereits beherrschen, nämlich wie einfach es ist, sich ganz natürlich mit der Eu-Stille zu verbünden und lebenslang Freundschaft mit ihr zu schließen.

Sobald die beiden Partner fest in ihrem Selbst verankert sind, verfügen sie über eine stabile Basis, von der aus sie hinausziehen und neue Welten erkunden können. Sie lassen die Fesseln der bedingten Liebe hinter sich, ebenso wie jegliches neurotisches Verhalten, das aus niederen Bedürfnissen resultiert. Sie verlassen sich zur Befriedigung ihrer Bedürfnisse nach Sicherheit (Geld, materielle Dinge) oder Anerkennung (Selbstachtung, Selbstvertrauen) nicht länger auf den anderen. Frei von diesen Einflüssen kommunizieren sie mit dem Partner aus der Selbstliebe heraus. Es ist eine erstaunliche Entdeckung, die der Beziehung neues und vibrierendes Leben einhaucht. Die neue Beziehung ist nicht länger von Angst getrieben, sondern gründet vielmehr in der Selbstliebe – nicht in Selbstverliebtheit – und der direkten Wahrnehmung, dass ich zwar ein Individuum mit bestimmten Vorlieben, Bedürfnissen und Zielen bin, meine Essenz sich aber nicht von der anderer Menschen unterscheidet.

Würden John und Marsha versuchen, eine neue Beziehung zu schaffen, ohne der Eu-Stille gewahr zu werden, könnte dies nicht funktionieren. Sie würden ihre Gefühle oder ihren Verstand nutzen müssen, um zu einer Illusion universeller Liebe zu gelangen. Das jedoch hieße, das Pferd verkehrt herum aufzuzäumen. Universelle Liebe kann man sich nicht „erarbeiten". George Land würde sagen, man muss in die Liebesphase hineingesogen werden. Die Kraft, die Sie in die Liebe hineinbefördert, ist die Liebe selbst. Wenn Sie der Eu-Stille gewahr werden, leben Sie in der Liebe. Sie wissen durch den direkten Kontakt genau, was sie ist! Sie können Liebe ebenso wenig herbeiwünschen oder herbeihoffen wie Sie sie mithilfe von Logik oder Analysen erfassen können. Sobald Sie einmal in der Liebe leben, werden Sie ganz leicht wissen, welche Menschen, Orte, Dinge oder Handlungen Liebe unterstützen und welche nicht. Sie sehen das Leben mit den Augen des Transcenders. Sie sind ein Transcender. Sie können die universelle Liebe nicht mit

Gefühlen erfassen oder ihr Wesen mit dem Verstand verstehen, aber Sie können ebenso mühelos und selbstverständlich in ihrem Licht leben wie Sie Ihren nächsten Atemzug tun.

Wenn beide Partner ihr inneres Selbst kennen, muss das Transcender-Paar dieses mit dem jeweils anderen teilen. Da die universelle Liebe von sich aus verbindet, erfolgt dieses Teilen der Essenz spontan und mühelos. Genau wie sie es in den ersten beiden Phasen getan haben, müssen die Partner zusammenarbeiten, wenn sie zusammenbleiben möchten. Das ist der Punkt, an dem die meisten Paare versagen, denn sie versuchen häufig, das wieder aufleben zu lassen, was sie einmal hatten – und das funktioniert nicht. Sie müssen die Zukunft als ein Meer an Möglichkeiten betrachten, reines Potenzial, und sich für die Intuition des Moments öffnen. Im Gegensatz zur Planung und Vorhersehbarkeit von Phase 2 wird das Paar in der dritten Phase ständig vom Walten der universellen Liebe überrascht. Es wird vorwärtsgetrieben vom inneren Überschwang und der Freude des bedingungslosen Gebens und Nehmens. Die Reise ist so erfüllend, dass das Erreichen des Ziels lediglich an zweiter Stelle steht. Spontane Manifestationen der unsichtbaren Kräfte, die stets zu ihrem Besten wirken, vertiefen das Vertrauen der Partner darein, dass alles perfekt ist wie es ist.

Jetzt ist es wohl höchste Zeit für ein direktes Erfahren der universellen Liebe, um Ihr Herz und Ihren Verstand dafür zu öffnen. Ihr Herz öffnet den Weg zu den Möglichkeiten der Liebe oder Vereinigung und Ihr Verstand entscheidet, welche Möglichkeiten erkundet werden. Jeder Teil für sich allein kann Fehler machen, aber wenn Herz und Verstand aus dem subtilen Reich der Eu-Stille heraus zusammenarbeiten, sind sie ein unschlagbares Team.

Die folgende Technik ist eine einfache, aber wirkungsvolle Erfahrung, die George Land in seinen Seminaren lehrt. Wir fügen ihr einfach noch das Element der Eu-Stille hinzu. Los geht's!

> **Heilen mit der Technik der universellen Liebe**
> - Denken Sie an einen Konflikt, den Sie mit jemandem haben. Denken Sie an die Situation und daran, wie es dazu kam.
> - Werden Sie nun der Gefühle gewahr, die Sie der Person gegenüber hegen.
> - Wenn Sie die negativen Gefühle am stärksten spüren, bewerten Sie sie auf einer Skala von 0 bis 10, wobei 0 bedeutet, dass es kein negatives Gefühl gibt, und 10, dass es unerträglich ist.
> - Werden Sie der Eu-Stille gewahr. (30 bis 60 Sekunden)
> - Werden Sie nun einer Zeit gewahr, in der Sie grenzenlose Liebe empfanden. (30 bis 60 Sekunden)
> - Nehmen Sie das Gefühl der grenzenlose Liebe und wenden Sie sich erneut dem ursprünglichen Problem zu. Fühlen Sie die Liebe, während Sie den Konflikt beobachten. Schauen Sie sich den Konflikt an und spüren Sie gleichzeitig die grenzenlose Liebe. Versuchen Sie nicht, das Problem zu lösen, sondern betrachten Sie es einfach durch die Augen der universellen Liebe. (30 bis 60 Sekunden)
> - Werden Sie erneut der Eu-Stille gewahr und dann der universellen Liebe.
> - Gehen Sie nun wieder zur Situation zurück und bewerten Sie den Konflikt erneut auf einer Skala von 0 bis 10.
> - Werden Sie der Eu-Stille gewahr und des Eu-Gefühls ...

Aller Wahrscheinlichkeit nach werden Sie eine dramatische Auflösung Ihrer negativen Gefühle erlebt haben. Vielleicht stellen Sie nach Abschluss der Übung sogar fest, dass gar keine Emotionen dieser Art mehr vorhanden sind. Die Situation bleibt bestehen, ist aber komplett frei von negativen Gefühlen. Und zusätzlich sind Sie nun wahrscheinlich eingehüllt in die warme und schützende Decke universeller Liebe.

Wenn Sie einen Vorfall mit starken emotionalen Untertönen gewählt haben, konnten Sie vielleicht feststellen, dass die Gefühle während der kurzen Übung zunächst stärker wurden. Das ist normal und zeigt an, dass eine tief gehende emotionale Heilung stattfindet. Warten Sie ein Weilchen, meist reichen ein paar Stunden, und wiederholen Sie die Übung. Sie werden erstaunt sein, wie schnell langjährige und tief sitzende destruktive Beziehungen heilen werden.

Die universelle Liebe durchbricht keine Grenzen, sie vereint. Wenn Sie, nachdem Sie der universellen Liebe gewahr wurden, erneut den Konflikt zwischen Ihnen und der anderen Person betrachten, wird die Uneinigkeit sofort an Härte verlieren und sich Stück für Stück in der universellen Liebe auflösen. Die negativen Gefühle bleiben nur dann bestehen, wenn Sie sie bewusst wieder aufleben lassen, während sie in der Auflösung begriffen sind. Falls Sie feststellen, dass Sie an der Negativität festhalten, dann wiederholen Sie einfach die Eu-Stille-Technik der universellen Liebe, entweder sofort oder nachdem einige Zeit vergangen ist.

Seit wir uns auf den ersten Seiten dieses Buches begegnet sind, haben Sie und ich schon einiges zusammen erlebt. Und auch wenn wir uns noch nicht gleich voneinander verabschieden werden, rückt das Ende doch näher. Ich möchte Sie ermuntern, weiterzumachen und die Beziehung zu vertiefen – nicht die Beziehung zu mir, sondern die zu Ihnen selbst. Ich habe das ganze nächste Kapitel genau diesem Thema gewidmet. Wenn Sie es gelesen haben, wissen Sie, wie Sie die Eu-Stille in Ihren Alltag integrieren können, Erleuchtung erfahren, in der Phase der universellen Liebe leben oder zum Transcender beziehungsweise vollständigen Menschen werden. All dies bedeutet am Ende dasselbe.

Kernpunkte

- Mithilfe der Transformationstheorie kann man erkennen, dass jedes System der Natur drei deutlich erkennbare Schritte durchläuft.

- Die Natur macht genau zum richtigen Zeitpunkt genau das, was sie soll. Sie ist nicht nur reaktiv, sie ist kreativ.

- Die universelle Liebe durchbricht keine Grenzen, sie vereinigt.

- Nichts führt so sicher zum Scheitern wie der Erfolg. Wenn das, was einst Erfolg brachte, nicht mehr funktioniert, ist es an der Zeit, zur nächsten Phase überzugehen.

- Die Wahrnehmung der Eu-Stille lässt das Eu-Gefühl, den Bauplan der Evolution, entstehen und macht den Übergang zur Liebesphase möglich.

- Sie können universelle Liebe nicht herbeiarbeiten oder herbeihoffen.

- Die Eu-Stille öffnet Ihr Herz und Ihren Verstand. Ihr Herz öffnet sich für die Möglichkeiten der Liebe und Ihr Verstand entscheidet, welche Möglichkeiten erkundet werden.

- Eine Beziehung der dritten Phase erfordert ein gewisses Maß an Loslassen und Vertrauen in die vereinigende Kraft der Liebe.

- Das Wundervolle an einer Beziehung liegt darin, dass der Lohn sehr hoch ist.

Kapitel 15

Zum vollständigen Menschen werden: 90 Tage Eu-Stille

Streben Sie nicht nach Erfolg, wenn Sie ihn sich wünschen. Machen Sie einfach das, was Sie mögen und an was Sie glauben, der Erfolg kommt dann von allein.

David Frost

Zum heilen und vollständigen Menschen zu werden, bedarf keiner größeren Anstrengung, wenn Sie den Dreh einmal heraus haben. Regelmäßig in die Eu-Stille zu gehen, kann man sich sogar leichter angewöhnen alles vieles andere, weil sich das, was einem die Eu-Stille gibt, so gut anfühlt. Dennoch sollte man nicht vergessen, dass Sie eine neue Fertigkeit erlernen und es einige Zeit braucht, bis Sie sie in Ihren Alltag integriert haben.

Betrachten Sie das folgende 90-Tage-Programm nicht wie einen Diät- oder Trainingsplan. Es funktioniert nämlich nur, wenn es mühelos geht und Sie dabei Spaß haben. Das ist sogar der größte Teil Ihrer Aufgabe: Spaß zu haben! Wie Sie ja bereits wissen, kann man die Wahrnehmung von Eu-Stille nicht erzwingen. Jeder Versuch, Stille zu erzeugen, ist eine Anstrengung. Und jede Anstrengung ist eine Aktivität. Sie können nicht die Aktivität der bewegungslosen Stille ausführen. Sehen Sie, was ich meine? Sie können nicht Stille „tun", Sie können nur

Stille sein. Gehen Sie es also locker an und haben Sie Freude dabei.

Zu Beginn bedarf es ein wenig der Anleitung, damit Sie der Eu-Stille gewahr werden. Das bleibt jedoch nicht so. Schon nach kurzer Zeit ist die Eu-Stille da, wann immer Sie daran denken. Es ist so, als würde man an einem Wintertag einen Mantel überziehen. Im ersten Moment spüren Sie bewusst sein Gewicht und seine Wärme. Nach einiger Zeit jedoch denken Sie nicht mehr an ihn und gehen einfach Ihren Geschäften nach. Dennoch ist der Mantel die ganze Zeit bei Ihnen und hält Sie warm. Wann immer Sie wollen können Sie denken: „Trage ich gerade meinen Mantel und hält er mich warm?" Sofort verlagert sich Ihre Aufmerksamkeit mühelos auf den Mantel und Sie wissen, dass er da ist. Als Nächstes nehmen Sie wahr, dass er Sie warm hält. Der Mantel ist wie die Eu-Stille und die Wärme kann man mit dem Eu-Gefühl vergleichen. Sobald Ihr Geist das erfassen kann, und das könnte quasi sofort geschehen, wird er des Mantels und der Wärme zugleich gewahr. Sie erleben die Stille, welche der Freude, ganz Mensch zu sein, zugrunde liegt.

Es bietet sich an, gleich beim Kennenlernen der Eu-Stille-Technik mit diesem 90-Tage-Programm zu beginnen, um die Eu-Stille in Ihren täglichen Tagesablauf einzubinden. Zum vollständigen Menschen zu werden, ist mühelos und macht eine Menge Spaß. Da Sie nichts erzwingen können, klappt es wirklich nur, wenn Sie sich nahezu keine Mühe geben. Ich sage bewusst *nahezu*, denn zu Beginn müssen Sie die Bewusstheit aufbringen, der Eu-Stille *gewahr* zu werden, und dieser Schritt erfordert eine Verlagerung Ihrer Aufmerksamkeit: Weg von dem, das Sie gerade tun, hin zur Eu-Stille. Ich kann Ihnen versprechen, dass Sie es faszinierend finden werden. Und innerhalb kurzer Zeit (90 Tage oder weniger) werden Sie feststellen, dass Sie ein lebendigeres und erfolgreicheres Dasein führen.

Ich möchte Ihnen die Bedeutung des 90-Tage-Programms anhand eines kleinen Beispiels erläutern. Multiplizieren Sie Ihr

Alter mit vier. Wenn Sie beispielsweise 45 Jahre alt sind, bedeutet dies 45 × 4 = 180. Die Zahl 180 steht für die ungefähre Anzahl an 90-Tage-Zeiträumen, die Sie bereits in Ihrem Leben durchlaufen haben. Stellen Sie sich vor, was Sie in den nächsten 90 Tagen alles erleben und wie viel Spaß Sie haben werden. Sind Sie bereit zu beginnen?

Zunächst möchte ich Ihnen Folgendes vorstellen ...

Die Eu-Stille-Mini-Meditation
- Werden Sie Ihres gesamten Körpers gewahr.
- Werden Sie der Eu-Stille in Ihrem gesamten Körper gewahr.
- Werden Sie der Eu-Stille in allem, was Sie umgibt, gewahr.
- Werden Sie des Eu-Gefühls gewahr.

Wenden Sie diese Eu-Stille-Mini-Meditation an, so oft Sie daran denken. Sie nimmt nur drei bis vier Sekunden in Anspruch (daher auch der Name „Mini-Meditation"), sodass sie überall Platz findet – in der Pause zwischen zwei Tätigkeiten ebenso wie in der Pause zwischen zwei Atemzügen, Sätzen, Essenshappen, Straßenschildern, Gedanken, und – wenn Sie ein Teenager sind – auch in der Pause zwischen zwei Freunden oder Freundinnen. Enden Sie immer mit dem Eu-Gefühl und verbleiben Sie eine Weile darin. Das Eu-Gefühl ist die Glasur auf dem Kuchen. Es aktiviert die Fülle der Stille in allem, was Sie tun. Diese simple Technik hat bei regelmäßiger Anwendung einen enormen Einfluss darauf, wie Sie das Leben sehen. Sie werden ausgeglichener sein, stärker in der Fülle leben und mehr Wertschätzung für alles empfinden. Selbst wenn Sie nichts anderes tun als die Eu-Stille-Mini-Meditation werden Sie schnell die Sogwirkung Richtung Erleuchtung spüren.

Zusätzliche Aktivitäten im Rahmen des 90-Tage-Eu-Stille-Programms

- Spielen Sie den ganzen Tag hindurch immer wieder mit der Eu-Stille-Technik. Zu Anfang empfiehlt es sich vielleicht, an verschiedenen Stellen (beispielsweise am Badezimmerspiegel, am Computer, auf dem Armaturenbrett, am Kühlschrank und so weiter) kleine Haftnotizen anzubringen. Was Sie auf diese Zettel schreiben sollen? Nichts! Die leere Fläche soll Sie daran erinnern, dass Sie nichts weiter tun müssen, als der Eu-Stille gewahr zu sein. Wenn Sie sich dies zur Gewohnheit machen, werden Sie überrascht sein, wie schnell, häufig und mühelos die Eu-Stille sich ganz von selbst einstellen wird.
- Nehmen Sie sich zwei bis drei Mal am Tag Zeit, um mindestens 10 Minuten lang die Eu-Stille-Technik zu praktizieren. Viele Menschen tun dies gleich nach dem Aufwachen, vor dem Einschlafen und irgendwann dazwischen, beispielsweise in der Mittagspause oder wenn sie von der Arbeit nach Hause kommen, um Stress abzubauen und einen neuen Energieschub zu bekommen.
- Versuchen Sie an jedem Tag so viele verschiedene Arten von Eu-Stille-Techniken einzusetzen wie möglich. Denken Sie daran, dass Sie die Eu-Stille-Heiltechnik auf alles anwenden können, einschließlich Steinen, Pflanzen und Schokoriegeln, und natürlich auch aus der Ferne. Dies ist eine Übersicht aller Techniken und Übungen, die Sie in diesem Buch gelernt haben:
  - Die Nichts-Technik
  - Die Eu-Gefühl-Technik
  - Die Eu-Stille-Technik
  - Die Stopp-Technik
  - Die Eu-Stille-Heiltechnik

- Die Münzen-Technik
- Die Eu-Stille-Entscheidungstechnik
- Die Eu-Stille-Mini-Meditation
- Die Eu-Stille-Technik der universellen Liebe
- Heilen mit der Technik der universellen Liebe
- Wenden Sie die heilungsfördernde Eu-Stille-Technik häufig für andere an. Verschenken Sie sie. Sie brauchen keine Genehmigung dafür, weil Sie ja im Grunde genommen nichts machen. Tun Sie es einfach und tun Sie es häufig.
- Lesen Sie jeden Tag in diesem Buch. Es muss nicht viel sein, schon ein Absatz genügt, um Ihren Geist anzuregen. Denken Sie daran: Wissen ist erst dann vollständig, wenn Erfahrung und Verstehen einander ergänzen.
- Warten Sie nicht auf Ergebnisse oder Fortschritte. Lassen Sie sich einfach überraschen. Veränderungen werden bereits lange vor Ablauf der 90 Tage eintreten. Sie werden sich zeigen, wann und wo sie benötigt werden. Ihr Körper und Ihr Geist werden Prioritäten für Ihre Heilung festlegen und die beste Art, die Entwicklung hinauszuzögern, ist nach Ergebnissen Ausschau zu halten. Wissen Sie noch? Transcender leben nach den Wahrscheinlichkeiten der Quantenmechanik und nicht nach den klassischen Regeln. Genießen Sie die Eu-Stille-Techniken und gehen Sie Ihren ganz normalen Alltagsgeschäften nach. Sobald Sie die Kontrolle abgeben, werden Sie erstaunt sein, wie viel Sie schaffen werden.
- Entschleunigen Sie Ihr Leben! Machen Sie es sich zur Gewohnheit, zu bestimmten Zeiten am Tag dem Nichtstun zu frönen. Wenn Sie irgendwo warten müssen, lassen Sie die Gedanken schweifen. Wenden Sie sich nicht gleich Ihrem Telefon, einem Buch oder einer anderen Ablenkung zu. Zu Beginn haben Sie vielleicht „Hummeln im Hintern" und halten Ausschau danach, etwas zu tun. Widerstehen Sie diesem Impuls. Machen Sie die Mini-Meditation und lassen Sie die Gedanken einfach schweifen, wohin sie wollen.

- Lassen Sie die folgenden fünf natürlichen Heilungshelfer Einzug in Ihr Leben halten: saubere Luft, reines Wasser, nährstoffreiches Essen, ausreichend Bewegung und genügend Ruhe und Erholung.
- Haben Sie einfach Spaß und genießen Sie die Eu-Stille-Techniken als das, was sie sind – ein natürlicher Ausdruck harmonischen Lebens und vollständigen Menschseins.

Kernpunkte

- Sie erlernen eine neue Fertigkeit und es bedarf einiger Zeit, um diese in Ihren gewohnten Tagesablauf zu integrieren.
- Das 90-Tage-Eu-Stille-Programm funktioniert nur, wenn es mühelos ist und Sie Spaß dabei haben.
- In relativ kurzer Zeit werden Sie der Eu-Stille gewahr sein, wann immer Sie daran denken.
- Haben Sie Spaß und genießen Sie die Eu-Stille-Technik als das, was sie ist – ein natürlicher Ausdruck harmonischen Lebens und gänzlichen Menschseins.
- Vollständig Mensch zu werden macht Spaß und ist nahezu mühelos.

Kapitel 16

Die Zukunft der Menschheit: Universelle Liebe auf universeller Ebene

Wenn nicht jemand wie du sich endlich kümmert, wird nichts jemals besser. Glaube mir!

Dr. Seuss

Es sieht ganz so aus, als neige sich unsere gemeinsame Zeit dem Ende zu. Ich für meinen Teil hatte eine nette Zeit mit Ihnen und hoffe, es ging Ihnen ebenso. Und ich habe eine ganze Menge gelernt dabei. Wenn ich schreibe, und vielleicht kennen Sie dieses Phänomen ja auch, bin ich häufig überrascht von alldem, was auf meinem Computerbildschirm erscheint. Meistens schreibe ich aus der Eu-Stille heraus. Vielleicht haben Sie beim Lesen dieses Buches intuitiv etwas von diesem Frieden und Wohlgefühl wahrgenommen. Am Anfang überlege ich mir grob, was ich meinen Lesern mitteilen möchte und überlasse es dann der Eu-Stille, dieses Grundgerüst mit Erklärungen, Beispielen und Übungen auszufüllen. Ich liebe es, wenn mir ganz plötzlich eine neue Analogie in den Sinn kommt, mit der ich einen bestimmten Punkt verdeutlichen kann. Schreiben macht mir wirklich Freude, denn ich fühle mich häufig nicht als Autor des Textes, sondern eher wie ein Leser. Beim Schreiben enthüllen sich mir Dinge, deren Kenntnis sich mir im nichtschreibenden

Zustand entzieht. Die Wahrheit zu entdecken, die im Inneren liegt, ist ein bemerkenswert magischer Prozess, der sich umso müheloser in unser Leben integriert, je häufiger wir das göttliche Elixier der Eu-Stille in uns aufnehmen.

Bevor wir uns voneinander verabschieden, möchte ich noch einige Dinge ansprechen. Wenn ich nun auf den Punkt zurückblicke, an dem wir begonnen haben, überrascht es mich wirklich, wie viel sich in so kurzer Zeit getan hat. Wie in den Geschichten, in denen jemand aus dem Nichts ein Vermögen aufbaut, sind auch wir mit nichts gestartet. Und wir haben herausgefunden, dass eben in diesem Nichts der ganze Reichtum liegt, den manche sogar den wahren Schatz der Menschheit nennen. Wir haben gelernt, dass alles Form und Energie besitzt. Wenn die Form verschwindet, lässt sie das Nichts zurück. Wenn die Energie verschwindet, lässt sie bewegungslose Stille zurück. Wir haben entdeckt, dass die Wahrnehmung dieser Stille eine außerordentlich heilsame Wirkung hat und die Wahrnehmung der Eu-Stille den größten Einfluss auf Gesundheit, Harmonie und die Lebensqualität allgemein. Von da an kamen die Dinge ins Rollen.

Gleich zu Beginn haben Sie herausgefunden, dass Sie mit allem auf die Welt gekommen sind, was Sie zum vollständigen Menschsein benötigen. Und dank der Übungen konnten Sie feststellen, dass Sie diese Fähigkeiten noch immer besitzen. Sie haben die Nichts-Technik eingesetzt und hinter Ihren Gedanken die reine Bewusstheit entdeckt. Anschließend haben Sie die Eu-Gefühl-Technik kennengelernt und fanden eine Tür, hinter der Sie ein alter Freund mit offenen Armen erwartete. Dann tauchten Sie in die stillen Tiefen des Eu-Gefühls ein und entdeckten die grenzenlose, ungebundene Essenz von allem, die Eu-Stille. Mithilfe der Stopp-Technik fanden Sie heraus, dass sich die Eu-Stille überall finden lässt, in jedem Ding, jedem Gedanken, jedem Gefühl, jedem Ort.

Was Sie womöglich am meisten erstaunte, war die

Erkenntnis, dass Sie allein durch das Gewahrwerden der Eu-Stille Heilung fördern können, nicht nur bei sich selbst, sondern auch bei Familie und Freunden und selbst Ihren Haustieren. Noch verblüffender mag die Feststellung gewesen sein, dass Sie die Eu-Stille auch einsetzen konnten, um eine heilende Wirkung aus der Ferne zu erzielen, für die Nachbarn nebenan oder einen Freund auf der anderen Seite der Erdkugel. Die Münzen-Technik hat Ihnen gezeigt, dass Gegensätze wie alt und jung, gut und schlecht, richtig und falsch in der Eu-Stille ein gemeinsames Fundament haben. Diese Erkenntnis führt zu weniger Ängsten und löst innere Konflikte. Ein weiterer Quell für innere Konflikte, nämlich die Unfähigkeit eine Entscheidung zu treffen, wurde ebenfalls aufgelöst, als Sie die Eu-Stille-Entscheidungstechnik erlernten. Dann haben Sie Ihr Gewahrsein für die Eu-Stille-Technik der universellen Liebe geöffnet und auch gelernt, wie man mit der Technik der universellen Liebe Beziehungen heilen kann. Und zu guter Letzt kam noch die Eu-Stille-Mini-Meditation hinzu, mit der Sie Eu-Stille und Eu-Gefühl den ganzen Tag über in Ihrem Gewahrsein schwingen lassen können. In diesem schmalen Buch finden Sie also einen prall gefüllten Medizinbeutel mit zeitgemäßen und wirkungsvollen Mitteln, um die Missstände der Menschheit zu heilen, angefangen bei Ihrer eigenen Heilung (wo sonst könnte man beginnen?).

In puncto Erfahrung halten Sie also ein prall gefülltes Paket an lebensverändernden Techniken und Übungen in Ihrer Hand. Aber ganz gleich wie beeindruckend sie sind, Erfahrungen allein reichen nicht aus. Wissen ist erst vollständig, wenn die Erfahrung durch Verständnis untermauert wird. Es ist wie der Aufbau einer Wand mithilfe von Ziegelsteinen und Mörtel, wobei der genau definierte Stein der Information entspricht und die Erfahrung, die alles zusammenhält, dem Mörtel. Wenn Sie nur die Ziegelsteine aufeinanderlegen, bläst der erste Sturm Ihr Bauwerk um. Aus Mörtel allein entsteht bestenfalls ein formloser Klumpen. Wechseln sich jedoch Ziegel und Mörtel ab, entsteht eine starke Mauer, die Bestand haben wird. Neben den Übungen habe ich Ihnen daher in diesem Buch auch eine komplette Philosophie präsentiert, die durch wissenschaftliche Forschung gestützt wird.

Nachdem wir den Wert der Stille selbst erleben konnten, begannen wir damit, die tieferen Wahrheiten zu erkunden, welche ihre dynamische Wirkung erklären. Dabei haben wir zugleich mit einigen irrigen Vorstellungen aufgeräumt, die uns zum Teil schon seit Generationen begleiten. Zu Beginn untersuchten wir das Potenzial der direkten Wahrnehmung von Stille und entdeckten, dass sie sich sofort auf unseren Körper und Geist auswirkt, sodass das jahrelange Üben und Studieren, wie es die meisten traditionellen „spirituellen" Systeme propagieren, überflüssig ist. Wir haben gelernt, dass Ruhe und Erholung universelle Heiler sind und wir im Gewahrsein der Eu-Stille die tiefste Ruhe finden. Wir haben einen Blick auf die negativen Aspekte des positiven Denkens geworfen und erkannt, dass das Gesetz der Anziehung der wissenschaftlichen Grundlage der Reproduzierbarkeit entbehrt. Im nächsten Schritt haben wir Eu-Stille als den Grundzustand erkannt, der sowohl das negative Denken und Handeln als auch das positive unterstützt. Wir fanden heraus, dass Eu-Stille eine Reset-Taste für negative Tendenzen ist. Wenn wir der Eu-Stille gewahr werden, gelangen wir in den Grundzustand, aus dem heraus wir unser Leben auf der Grundlage von Liebe, und nicht von Angst, neu strukturieren können.

Wir haben uns das Menschenbild von Abraham Maslow angesehen und festgestellt, dass wir in der Lage sind, ein wesentlich reicheres und erfüllenderes Leben zu führen als wir es in der Regel tun. Wir haben die Eigenschaften von Transcendern betrachtet und entdeckt, dass im Gewahrsein der Eu-Stille die gleichen Potenziale auch in uns vorhanden sind. Auch fanden wir heraus, dass zu viele Auswahlmöglichkeiten uns lähmen, wir jedoch die Harmonie durch eine kleine Pause rasch wiederherstellen können. Wir lernten, was Liebe bedeutet: Dass sich zwei Dinge zu noch größerer Harmonie vereinen und dass es die universelle Liebe ist, die sie vereint. Wir entdeckten, dass die Eu-Stille die Grundlage der universellen Liebe ist und das Eu-Gefühl ihr Ausdruck. Wir warfen einen Blick auf die Transformationstheorie und die drei Phasen, die jedes System durchlaufen muss, um sein volles Potenzial zu erreichen. Und wir haben John und Marsha begleitet, wie sie in ihrer Beziehung die Überlebens- und Expansionsphase durchliefen, um schließlich in der Liebesphase anzukommen und eine Beziehung als vollständige Menschen in universeller Liebe zu führen.

Aber noch sind wir nicht am Ende, denn wir haben das Licht der Eu-Stille noch nicht auf die Menschheit als Ganzes gerichtet. Wir haben es ziemlich gut geschafft zu überleben, unseren Einflussbereich auszudehnen und uns zu den Herrschern dieses Planeten aufzuschwingen. Dennoch sehen wir uns dem gleichen Problem gegenüber wie John und Marsha, als es Zeit für sie wurde, die wettbewerbs- und wachstumsorientierte Zeit der zweiten Phase hinter sich zu lassen und zur sanfteren, aber zugleich auch mächtigeren Kraft der dritten Phase überzugehen – der Liebe.

Wir alle wissen, dass etwas nicht stimmt. Es ist ein kaum wahrnehmbares Raunen, das wir in Zeiten der Ruhe eher spüren als hören. Es ist beunruhigend und nervenzermürbend und treibt uns dazu, immer mehr zu tun, um das Gespenst der Unzufriedenheit zu vertreiben.

Wir sind beschäftigt, verdienen immer mehr, geben immer mehr aus, lernen mehr und so weiter ... Aber diese kleine flüsternde Stimme will einfach nicht verstummen. Wir haben nämlich einen Fehler gemacht. Wir haben versucht, die Leere mit Dingen und Gedanken zu füllen. Das Merkwürdige dabei ist, dass die Leere, die wir fühlen, in der Eu-Stille verschwindet. Relative Stille verschlimmert das Phänomen, während absolute Stille es vollständig heilt.

Die Menschheit besteht aus ... nun, Individuen, richtig? Wenn 99 Prozent dieser Individuen im mangelbestimmten Reich dessen leben, was Maslow als die niedrigen Bedürfnisse bezeichnet und Land als die ersten beiden Phasen, dann stellt das eine Prozent, das in Liebe lebt, tatsächlich nicht mehr als ein leises Raunen dar. In unserer Gesamtheit fahren wir Menschen fort, das Verhalten der Phase 2 gutzuheißen, und je mehr es fehlschlägt (und wie Sie sich erinnern werden, führt nichts so sehr zum Fehlschlag wie der Erfolg), umso vehementer verfolgen wir genau die Dinge, die uns an den Rand der Vernichtung treiben.

Es gibt einiges zu tun, so viel steht fest. Wenn wir ein paar tausend Jahre in unsere Vergangenheit blicken, stellen wir fest, dass Sprache, das Domestizieren von Tieren, der Ackerbau, der Bau von Städten, das Sammeln von Wissen, das Entstehen der Wissenschaften und die Ausbreitung von Technologien eine entscheidende Rolle bei unserem Überleben und derzeitigen Beherrschen anderer Spezies spielten. Es ist das lineare Denken der zweiten Phase, das uns glauben lässt, dass das, was in der Vergangenheit funktioniert hat, auch in Zukunft funktionieren wird. Also setzen wir weiterhin darauf zu wachsen und zu expandieren. Natürlich wissen wir jetzt, dass dieses Denken unseren Untergang bedeutet.

Wir ziehen nicht an einem Strang, sondern stellen die Wünsche des Einzelnen über das Gemeinwohl. Um überleben und wachsen zu können, schlossen sich unsere Vorfahren zu kleinen Gruppen und Stämmen zusammen. Dieses Modell verfolgen wir auch noch heute. Die Menschheit hat sich in Gruppen aufgespalten, die jeweils andere Ziele verfolgen. Wir sind zu Experten im Überleben und Wachsen geworden, aber zu welchem Zweck? Wir sind fasziniert von unserem eigenen Erfolg. Aber Wachstum ist kein Ziel. Es ist ein Mittel zum Zweck. Und es gibt etwas, das nur sehr wenigen von uns klar ist: Wir können nicht immer weiter wachsen. Die Natur wird das nicht zulassen. Wir haben den Sättigungspunkt erreicht, an dem unser eigener Erfolg uns zerstört. Und das ist kein Zufall, sondern Absicht. Es ist die Art, wie die Natur uns ins nächste Kapitel der menschlichen Evolution schleust. Alles Leben entwickelt sich auf diese Weise und wir sind keine Ausnahme. Wir können weder zu den einfacheren Zeiten unserer Vergangenheit zurückkehren noch können wir so weitermachen wie bisher. An diesem heiklen Punkt wäre jeder Versuch, eines von beidem zu tun, gleichbedeutend mit dem Einklopfen des letzten Nagels in unseren kollektiven Sarg. Uns bleibt nur eine Wahl - nach vorne zu gehen in die Fülle.

Ich blicke mit Ehrfurcht auf die tiefe Weisheit, die sich hinter dieser Darstellung von Harmonie verbirgt und fühle mich reich beschenkt, ihre Geheimnisse kennen zu dürfen und die Schöpfung von ihrem Ursprung aus zu betrachten. Immer wieder überfällt mich Freude, wenn ich die Schöpfung in wundersamen ebenso wie alltäglichen Begebenheiten entdecke. Die scheinbar simple Erkenntnis und Anwendung der Transformation, und ich sage das in aller Bescheidenheit, könnte das Wissen sein, das wir benötigen, um die derzeitige Krise zu überwinden und endlich unser Potenzial als vollständige Menschen zu erfüllen.

Mit der Eu-Stille-Technik und den jüngsten Forschungsergebnissen auf diesem Gebiet haben wir nun sowohl das Fahrzeug als auch die Straßenkarte, die wir zum Erreichen unseres Ziels benötigen. Verbunden in Ursache und Wirkung lassen wir die schillernde Wüste hinter uns, die den Geist und die Seele der Menschheit unterjocht. Wir haben hier in diesem Moment alles, was wir benötigen. Das Einzige, das uns zurückhält, ist die Unkenntnis unseres eigenen vollen Potenzials.

Nun, wie Sie sicher schon bemerkt haben, lasse ich mich bei diesem Thema leicht hinreißen. Ich hoffe, Sie verzeihen es mir dieses eine Mal. Denn es macht mich besorgt und zugleich traurig, wenn ich mich umschaue und bemerke, dass unser enormes Potenzial brachliegt, weil wir uns immer noch im Tiefschlaf befinden. Ich frage mich manchmal, ob wir jemals aufwachen werden. Dann jedoch wird mir wieder bewusst, dass auch dies eine Manifestation der perfekten Ordnung der Natur ist. Und ich mache mir klar, dass es mein winziger Teil der Schöpfung ist, um den es sich zu kümmern gilt. Wenn ich meine eigenen Ratschläge befolge und meinen natürlichen Drang zu konstruieren und zu erschaffen durch absolute Stille ausgleiche, erstrahlt meine Welt in Liebe.

Sie sind ein Teil meiner Welt und ich möchte Ihnen dafür danken, dass Sie mir Gesellschaft geleistet haben und wir gemeinsam durch die Seiten dieses Buches spaziert und an seinen Erkenntnissen gewachsen sind. Ich schätze Ihren Beitrag und hoffe, dass Sie unsere gemeinsame Zeit interessant, womöglich sogar inspirierend fanden. Aber noch mehr als Ihren Beitrag schätze ich Sie. Sie gehören zu einer kleinen Minderheit, sind vielleicht sogar ein Transcender oder mit Sicherheit ein zukünftiger Transcender, der sowohl das Interesse als auch die Inspiration besitzt, in Liebe zu wachsen. Wenn Sie einem Freund oder Kollegen erzählen, dass Sie lernen zu lieben, verdreht diese Person womöglich die Augen oder lästert hinter Ihrem Rücken über Sie. Doch es wird nicht lange dauern, bis die leise innere Stimme dieses Menschen das Megafon ergreift und ihm ins Ohr schreit: „Wach auf! Etwas stimmt nicht! Es geht schon eine ganze Weile so und es wird nicht besser. Es wird Zeit, dass Du lieben lernst." Und dann werden Sie da sein, Ihre eigene innere Stimme wird vollkommen still sein und Sie werden NICHTS tun.

Glossar

Erleuchtung (→ Eu-Stille-Gewahrsein)
Transzendieren des Ego; Freiheit von Angst; angetrieben von Wahrheit, Schönheit, dem Guten und der Einheit; Erneuerer, Entdecker; zwei Stufen: Eu-Gewahrsein (1. Stufe) und Eu-Stille-Gewahrsein (2. Stufe).

Eu-Gewahrsein
Handeln, während man gleichzeitig des Eu-Gefühls gewahr ist. Es ist Gewahrsein jenseits der Grenzen von Ursache und Wirkung, frei von Angst und Disharmonie. Man wird zum Beobachter, während die Schöpfung sich durch Ursache und Wirkung entfaltet, nicht aufgrund dessen.

Eu-Gefühl
Die Wahrnehmung von Ganzheit; das erste zarte Aufflackern von Individualität im Geist; der natürliche, ursprüngliche Zustand der menschlichen Bewusstheit. Das Eu-Gefühl ist zeitlos und kann nicht sterben. Der Geist erkennt das Eu-Gefühl als reinen Frieden, Freude, Mitgefühl, Liebe, Glückseligkeit usw. Es ist die Grundlage für das Eu-Gewahrsein.

Eu-Stille (auch bekannt als reines Eu-Gefühl)
Universelle Liebe ohne Ausdruck. Die Linse, durch welche die reine Bewusstheit erschafft. Die Wahrnehmung des Eu-Gefühls, bevor es im Geist eine Form annimmt.

Eu-Stille-Gewahrsein (→ Erleuchtung)
Die Wahrnehmung reiner Bewusstheit in der Welt der Erscheinungen. Gewahrsein der absoluten, bewegungslosen, unsterblichen Stille bei gleichzeitigem Gewahrsein der sich ständig verändernden, immer in Bewegung befindlichen Welt der Erscheinungen. Das Erlebnis, der reinen Bewusstheit gewahr zu sein und bewusst zu

bleiben; keine Gedanken, keine Gefühle, aber Bewusstheit. Der reinste Zustand individueller Bewusstheit. Vollständiges Menschsein.

Intuition
Die stillste, feinste Widerspiegelung des Eu-Gefühls. Denken und Fühlen werden aus dem Schoß der Intuition heraus geboren. Die Wahrnehmung von Vollständigkeit, Gewissheit.

Liebe
Wenn zwei Dinge sich vereinen, um eine größere Harmonie zu erzeugen. Der Ausdruck von Ordnung, Kohärenz, das Gegenteil von Entropie, Tod.

Nicht-Transcender
Mitglied einer Gruppe, die sich unterhalb der Ebene der Selbstverwirklichung befindet; haben selten oder nie Gipfelerlebnisse.

Nichts (→ Reine Bewusstheit)
Das, was übrig bleibt, wenn Form sich vollständig auflöst.

Phase 1
Überleben: Das Stadium des Wachstums, in dem die Kreativität auf Erfindung beruht. Der wachsende Organismus sucht nach einem ersten Muster für erfolgreiches Wachstum, das mit seiner Umgebung verbunden ist.

Phase 2
Expansion: Sobald ein erstes Muster entstanden ist, erfordert das Wachstum, dass die Kreativität weiter auf diesem Muster aufbaut, es wiederholt, verbessert und erweitert.

Phase 3
Liebe: Ein System öffnet sich für kreative Innovation. Dies erfordert das Integrieren dessen, was zuvor ausgeschlossen war, und das Einbeziehen von Neuem und Anderem in das alte Muster.

Reine Bewusstheit
Das, was unveränderlich ist und weder Anfang und noch Ende hat. Bewusstheit des Nichts, absolute Stille. Der Zustand der Abwesenheit von Gedanken, die Lücke zwischen den Gedanken. Reine Bewusstheit bewegt sich jenseits von Energie und Form und durchdringt alles.

Selbst (→ Eu-Gefühl)

Selbstverwirklichung
Erste Stadien der Selbstverwirklichungsgruppe; Gipfelerlebnisse; nimmt Eu-Gewahrsein wahr.

Selbstgewahrsein (→ Eu-Gewahrsein)

Stille (→ Reine Bewusstheit)
Was übrig bleibt, wenn die Energie aufhört, sich zu bewegen.

Transformationstheorie
Eine Deutung, welche das dynamische kreative Wachstum der Natur und Veränderungsprozesse erklärt. Die drei Phasen des Wachstums und der Transformation, die jedes System durchlaufen muss; entdeckt von George Land.

Transcender
Höchste Ebene in der Gruppe der Selbstverwirklicher. Lang andauernde Gipfelerlebnisse; beinhaltet Selbstverwirklicher; erfährt Eu-Stille-Gewahrsein; erleuchtet.

Universelle Liebe
Die Kraft, die vereint. Kann nur durch direkte Erfahrung gelebt werden; kann nicht durch Praktizieren von Vergebung, Wohltätigkeit, Annahme, Gleichmut o.Ä. erreicht werden.

Über den Autor

Frank Kinslow ist Doktor der Chiropraktik, DC (*Life Chiropractic College*) und war lange Zeit auch als Lehrer für Gehörlose tätig. Er hat den Quantum-Entrainment®-Prozess (QE®) entwickelt, eine fundierte sowie replizierbare Methode, die schnelle Heilung fördert.

Das Erscheinen seines ersten Buches *Quantenheilung* in deutscher Sprache hat im deutschsprachigen Raum die Quantenheilungs-Welle ausgelöst.

Frank Kinslow ist inzwischen Autor mehrerer Bestseller. Er moderiert eine wöchentliche, international ausgestrahlte Radiosendung bei *Hay House Radio*, in der Hörer ihm live Fragen stellen können. Frank Kinslow hält weltweit Vorträge und Seminare zu den lebensverändernden Wirkungen von QE. Er lebt mit seiner Frau Martina in Sarasota, Florida.

Bei VAK sind von Frank Kinslow bisher erschienen:

Bücher:
- Frank Kinslow: *Quantenheilung*
- Frank Kinslow: *Quantenheilung erleben*
- Frank Kinslow: *Suche nichts – finde alles!*
- Frank Kinslow: *Eu-Gefühl!*
- Frank Kinslow: *Martina und das Ungeheuer*
- Frank Kinslow: *Das QE-Praxisbuch*

Audio-CDs:
- Frank Kinslow: *Quantenheilung – Das Hörbuch*
- Frank Kinslow: *Quantenheilung – Meditationen und Übungen*
- Frank Kinslow: *Quantenheilung im Alltag 1*
- Frank Kinslow: *Quantenheilung im Alltag 2*

DVD:
- Frank Kinslow: *Quantenheilung LIVE* (Originalvortrag vom 4. Internationalen BLEEP-Kongress, mit konsekutiver deutscher Übersetzung; Einführung in die Quantenheilung mit Übungen zum Mitmachen)

Weitere Informationen in deutscher Sprache:

Seminare mit Frank Kinslow
Frank Kinslow ist weltweit der einzige Lehrer für die von ihm begründete Methode *Quantum Entrainment®*, die in Deutschland auch unter dem Begriff *Quantenheilung* bekannt wurde, und unterrichtet sie regelmäßig auch in Europa. (Aktuelle Seminartermine im deutschsprachigen Raum unter *www.quantenheilung.info*)

Quantum Entrainment® – Heilendes Bewusstsein
www.quantenheilung.info

Kontaktinfos zu den Quantum-Entrainment®-Practitioners
Erstmals fand 2010 eine Ausbildung zum Quantum-Entrainment®-Practitioner in Kirchzarten statt. Wenn Sie einen zertifizierten Quantum-Entrainment®-Practitioner suchen, finden Sie die Absolventen der Ausbildung im Internet auf *www.quantenheilung.info*. Dort können Sie sich unter der Kategorie *Practitioner* die Anwender aus Ihrem Postleitzahlengebiet herunterladen.

Das offizielle deutschsprachige Forum
… für *Quantenheilung / Quantum Entrainment®*, autorisiert von Frank Kinslow, finden Sie unter den Internetadressen *www.quantenheilung-forum.de* und *www.quantumentrainment-forum.de*. Dort können Sie sich mit anderen Lesern, mit Hilfe Suchenden und Anwendern der Methode austauschen und Unterstützung erfahren.

**Das deutschsprachige Internetportal
www.quantenheilung.info**

… für *Quantenheilung / Quantum Entrainment*® bietet Neuigkeiten, Interviews, Artikel von Frank Kinslow, zwei kostenlose Übungs-Downloads und die Veranstaltungstermine im deutschsprachigen Raum mit Frank Kinslow. Dort können Sie auch den VAK-Newsletter abonnieren, der regelmäßig interessante redaktionelle Beiträge liefert und auch über neue Bücher und Seminare zur Quantenheilung informiert.

Tauschen Sie sich mit anderen QE®-Interessierten aus!
Das deutschsprachige offizielle Forum für Quantenheilung/Quantum Entrainment®:
www.quantenheilung-forum.de

Weitere Informationen in englischer Sprache:

- Die Bücher und CDs sowie weitere Beiträge rund um *Quantum Entrainment®* finden Sie im Internet auf der Website: *www.quantumentrainment.com*. Dort können Sie auch Kontakt mit dem Autor aufnehmen oder ihm eine E-Mail (in englischer Sprache) schreiben an: *info@QuantumEntrainment.com*
- Die Radiosendung mit Frank Kinslow bei *Hay House Radio* finden Sie hier: *www.HayHouseRadio.com*

Auf der englischsprachigen Internetseite von Frank Kinslow (*www.quantumentrainment.com*) finden Sie außerdem:
- die Kontaktadressen zertifizierter Quantum-Entrainment®-Practitioner,
- den englischsprachigen Newsletter *QE Quill*,
- kostenlose Downloads in englischer Sprache,
- das englische Quantum-Entrainment®-Forum zum Austausch von Lesern, Hilfe Suchenden und Anwendern der Methode.

Frank Kinslow:
Quantenheilung
Wirkt sofort – und jeder kann es lernen

Leseprobe unter: www.vakverlag.de

Das Neue Denken hat in den letzten Jahren das Bewusstsein vieler Menschen für alternative Behandlungsmethoden geöffnet. Quantenheilung ist die neueste Entwicklung auf diesem Gebiet: Sie arbeitet mit sanfter Berührung und versetzt das vegetative Nervensystem spontan und sofort in den Zustand, in dem tiefe Heilprozesse stattfinden. Das Nervensystem schaltet unmittelbar auf Heilung um – und kann all das reorganisieren, was nicht optimal funktioniert. Sie können diese einfache Selbsthilfemethode sehr schnell und ohne jegliche Vorkenntnisse lernen und anwenden.

144 Seiten, 5 Abbildungen, Paperback (13 x 20,5 cm)
ISBN 978-3-86731-039-0

Frank Kinslow:
Quantenheilung erleben
Wie die Methode konkret funktioniert – in jeder Situation

Leseprobe unter: www.vakverlag.de

Quantenheilung erleben bringt neue ausführliche Informationen zur Methode und demonstriert anhand zahlreicher Anwendungsbeispiele, wie man diese Selbsthilfetechnik optimal in den Alltag integrieren und für sich nutzen kann: Ob Arbeit oder Freizeit, Familie oder Finanzen, Gesundheit oder Kreativität – Quantenheilung löst hinderliche Blockaden und hinterlässt zudem ein nachhaltiges Wohlgefühl. Diese sanfte und leicht erlernbare Methode verhilft garantiert zu persönlichen Durchbrüchen!

288 Seiten, 3 Abbildungen, Paperback (13 x 20,5 cm)
ISBN 978-3-86731-058-1

Frank Kinslow:
Das QE®-Praxisbuch
Mit allen Original-Übngen!

Leseprobe unter: www.vakverlag.de

Das umfassende Praxisbuch zu *Quantum Entrainment*® enthält sämtliche Übungen vom Begründer der Methode. Praktisch und übersichtlich nach verschiedenen Themengebieten geordnet, finden Sie hier anschauliche Anleitungen, wie Sie QE® in unterschiedlichen Lebenssituationen einsetzen können. Egal, ob es sich um persönliche Herzenswünsche oder Belange von Familienangehörigen handelt oder ob Sie einfach nur lernen möchten, QE® in Ihren Alltag zu integrieren: Sie können die Methode jederzeit gezielt und rasch anwenden.

272 Seiten, Paperback (17,5 x 24,5 cm)
ISBN 978-3-86731-115-1

Abonnieren Sie unseren Newsletter (gratis) unter: www.vakverlag.de

Frank Kinslow:
Suche nichts – finde alles!
Wie Ihre tiefste Sehnsucht sich erfüllt

Leseprobe unter: www.vakverlag.de

Innerer Friede, nicht flüchtiges Glücksgefühl, bringt uns die Erfüllung unserer tiefsten Sehnsüchte. Aus persönlichen Erlebnissen und humorvollen Geschichten, aus Reflexionen und Selbsterfahrungsübungen hat Frank Kinslow einen „Reiseführer" durch die Landschaft unseres Lebens zusammengestellt. Inneren Frieden zu finden, dazu bedarf es der Veränderung unserer Wahrnehmung: die Welt mit neuen Augen sehen und das, was ist, vollständig annehmen. Ein ebenso praktisch-konkreter wie philosophisch fundierter Wegweiser zu erfülltem Leben!

288 Seiten, Hardcover (15 x 21,5 cm)
ISBN 978-3-86731-073-4

Frank Kinslow
Quantenheilung im Alltag 1
Übungen für Gesundheit, Freizeit und Beruf

Quantenheilung im Alltag 2
Übungen für Partnerschaft, Familie und Kommunikation

2 Audio-CDs,
Laufzeit: 120 Minuten,
Sprecher: Michael Schmitter,
11 Übungen
ISBN 978-3-86731-080-2

2 Audio-CDs,
Laufzeit: 120 Minuten,
Sprecher: Michael Schmitter,
13 Übungen
ISBN 978-3-86731-081-9

Frank Kinslow:
Quantenheilung
Meditationen und Übungen

VAK audio

Die praktische Übungs-CD ist die ideale Ergänzung zum Bestseller *Quantenheilung*: Auf ihr zu hören sind die wichtigsten der im Buch enthaltenen Meditationen sowie sieben weitere neue Übungsanleitungen, die den Einstieg in die Methode erleichtern und vereinfachen. So wird Quantenheilung zum Kinderspiel!

2 Audio-CDs, Laufzeit: 85 Minuten,
ISBN 978-3-86731-078-9

Bestellen Sie unsere kostenlosen Kataloge unter: www.vakverlag.de